선생님도 몰래보는 어린이 인도 베다수학

선생님도 몰래보는

어린이 인도 베다수학

손호성, 엄진섭 공저
신광만(인천 효성남초등학교 교사) 감수

19단을 외우지 않고 한번에!
과학 강국으로 유명한 인도의 놀라운 수학 세계

봄봄스쿨

목차

1장 수학아 놀자
우리를 못살게 구는 수학이 필요한 이유 …………… 16
수학이 없다면 우리 생활은 어떻게 될까? ………… 17
수란 무엇인가? ……………………………………… 18
수의 발명과 동시에 인간은 셈을 하기 시작 ……… 19
눈의 무력함과 손가락의 힘 ………………………… 19
수학의 나라 인도 …………………………………… 20
인도의 비밀계산법 ………………………………… 21
숫자랑 친해지기 ① ………………………………… 22
숫자랑 친해지기 ② ………………………………… 26

2장 누워서 덧셈 풀기
덧셈 쉽게 하기 ① …………………………………… 30
응용문제 ……………………………………………… 32
연습문제 ……………………………………………… 34
덧셈 쉽게 하기 ② …………………………………… 36
응용문제 ……………………………………………… 38
연습문제 ……………………………………………… 40
덧셈 쉽게 하기 ③ …………………………………… 42
응용문제 ……………………………………………… 44
연습문제 ……………………………………………… 46
덧셈 쉽게 하기 ④ …………………………………… 48
응용문제 ……………………………………………… 50
연습문제 ……………………………………………… 52

베다수학의 비법 ①
한쪽을 더하면 한쪽을 빼라 ………………………… 54
연습문제 ……………………………………………… 56

베다수학의 비법 ②
두 개씩 끊어서 더하라 ……………………………… 58
연습문제 ……………………………………………… 59

3장 하품하면서 뺄셈 풀기
뺄셈 쉽게 하기 ① …………………………………… 64
응용문제 ……………………………………………… 68
연습문제 ……………………………………………… 70
뺄셈 쉽게 하기 ② …………………………………… 72
응용문제 ……………………………………………… 75
연습문제 ……………………………………………… 76
뺄셈 쉽게 하기 ③ …………………………………… 78
응용문제 ……………………………………………… 81
연습문제 ……………………………………………… 82
뺄셈 쉽게 하기 ④ …………………………………… 84
응용문제 ……………………………………………… 88
연습문제 ……………………………………………… 90

베다수학의 비법 ③
양쪽을 더해서 빼라 ………………………………… 92
연습문제 ……………………………………………… 94

베다수학의 비법 ④
10과 100과 1000의 뺄셈 …………………………… 96
연습문제 ……………………………………………… 98

4장 밥 먹듯 곱셈 풀기
곱셈 쉽게 하기 ① …………………………………… 102
응용문제 ……………………………………………… 105
연습문제 ……………………………………………… 106
곱셈 쉽게 하기 ② …………………………………… 108
응용문제 ……………………………………………… 111

곱셈 쉽게 하기 ③ ············· 112	나눗셈 쉽게 하기 ③ ············· 162
응용문제 ···················· 115	응용문제 ···················· 165
곱셈 쉽게 하기 ④ ············· 116	연습문제 ···················· 166
응용문제 ···················· 120	나눗셈 쉽게 하기 ④ ············· 168
연습문제 ···················· 122	응용문제 ···················· 171
베다수학의 비법 ⑤	연습문제 ···················· 172
999, 999, 9999를 곱할땐 뺄셈으로 푼다 ········ 124	**베다수학의 비법 ⑪**
연습문제 ···················· 126	5로 나눌 때 2배로 나누고 2배로 곱한다 ········· 174
베다수학의 비법 ⑥	연습문제 ···················· 175
5단 이상은 크로스 계산법으로 ········· 128	**베다수학의 비법 ⑫**
연습문제 ···················· 129	9로 나눌 때 맨 앞은 그대로 다음 수를 더한다 ··· 176
베다수학의 비법 ⑦	연습문제 ···················· 178
100에 가까운 크로스 계산법 ········· 130	
연습문제 ···················· 132	## 부록
베다수학의 비법 ⑧	
두 자리 수의 크로스 계산 ········· 136	인도의 손가락 9단 계산법 ············ 182
올리는 수가 100이 넘어갈 때 ········· 137	인도의 손가락 9단 두 자리 계산법 ········· 184
연습문제 ···················· 138	인도의 손가락 6, 7, 8, 9단 계산법 ········· 186
베다수학의 비법 ⑨	인도의 손가락 11, 12, 13, 14, 15단 계산법 ····· 187
세 자리수의 크로스 계산법 ········· 140	인도의 손가락 16, 17, 18, 19, 20단 계산법 ····· 188
연습문제 ···················· 142	그림으로 배워보는 손가락 20단 ········· 189
베다수학의 비법 ⑩	
세 자리 수와 두 자리 수의 크로스 계산법 ········ 144	정답 ···················· 191
연습문제 ···················· 146	

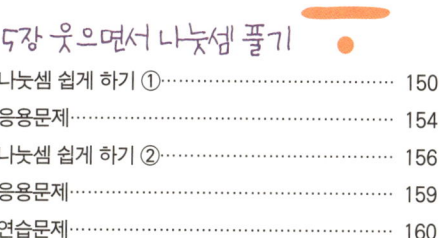

나눗셈 쉽게 하기 ① ············· 150
응용문제 ···················· 154
나눗셈 쉽게 하기 ② ············· 156
응용문제 ···················· 159
연습문제 ···················· 160

안녕? 친구들!

안녕? 친구들. 난 초등학교 2학년인 한수리라고 해. 이름이 좀 특이하지? 수학을 잘할 것 같은 이름이지만 솔직히 말하자면 전혀 그러질 못해. 이상하게 숫자만 보면 머리가 아프고 쉬가 마렵더라고. 너희들도 그렇지 않아?

하지만 말야. 그런 내가 달라지기 시작했어. 수학을 좋아하고 또 잘하게 되었단 말씀이지. 비결이 뭐냐고? 음~ 이런 건 공짜로 알려주면 안 되는데…. 기분이다! 너그럽게 인심 써서 알려주도록 할게.

얼마 전에 우리 동네에 작은 인도 카레 전문점이 생겼거든. 난 짝꿍 윤지랑 카레를 먹으러 갔어. 카레 가게 사장님은 꽤 젊은 아저씨였는데 인도 유학파 출신이라고 자랑을 하더라고. 어쨌건 우린 카레를 주문해서 맛을 봤어. 맛은 말이지, 말하고 싶지 않아. 차라리 3분 카레가 더 낫다는 게 나랑 윤지의 공통된 의견이었어. 어린 생각에도 카레 박(자기를 이렇게 불러 달래) 아저씨의 앞날이 걱정되더라고.

이 가게 곧 망하겠구나~.

그런데 기적이 일어났어. 카레 박 아저씨가 계산을 기가 막히게 잘 한다는 소문이 돌기 시작한 거야. 내가 봐도 카레 박 아저씨는 계산기보다 훨씬 빠르고 정확하게 숫자 계산을 하는 것 같아. 어쨌든 그 소문 덕에 동네 아줌마들이 수학 과외를 부탁하면서 가게에 사람이 북적이기 시작했지. 카레 박 아저씨는 카레를 사먹으면 인도에서 배운 계산법을 알려준다고 선언했어. 때문에 우린 그 맛없는 카레를 먹으면서 카레 박 아저씨에게 수학을 배우기 시작한 거야. 비록 카레 박 아저씨의 카레는 맛없지만 수학은 신기하고 재밌었어. 수학이 재미없다는 편견이 사라졌단 말씀!

자‥ 너희들도 우리랑 함께 배워보지 않을래?

 # 카레박 아저씨의 신기한 수학 비법?!

1장 수학아 놀자

우리를 옷살게 구는 수학이 필요한 이유

카레 박 아저씨가 물었어.

"너흰 왜 수학이 싫니?"

난 자신 있게 답했지.

"어려우니까요."

윤지도 거들었어.

"전 점수는 잘 나오지만 그래도 수학이 좋진 않아요."

카레 박 아저씨가 콧수염을 만지작거리며 슬쩍 웃더라고.

"너흰 겁을 먹은 거야. 수학은 어렵고, 복잡하고, 지겨운 과목이라고 미리 단정한 거지."

"사실이 그렇잖아요."

카레 박 아저씨는 고개를 저었어.

"그렇지 않아. 퍼즐은 복잡하고 풀기 힘들지만 재미있잖아. 수학도 마찬가지로 퍼즐처럼 흥미진진하고 재밌는 놀이야."

0은 위대한 숫자

원래 숫자는 1,2,3,4,5,6,7,8,9밖에 없었어. 1부터 9까지의 숫자만으로 큰 수를 나타내려면 복잡한 방법이 필요했기에 고생이 이만저만이 아니었지. 근데 고대 인도인에 의해 발견된 0은 52와 502를 간단하게 구별할 수 있게 만들어 주었어. 만일 0이 사라진다면 10과 100, 1000, 10000이란 숫자 모두가 1이 되겠지? 이게 돈의 액수라고 생각해 봐. 상상만 해도 끔찍하지?

윤지가 눈을 반짝였어. "맞아요. 퍼즐은 이상하게 재미있어요!"
"질문 하나 할까? 만약에 세상에 수학이 없다면 어떨 것 같아?"
나는 번쩍 손을 들고 외쳤어.
"아름다운 세상이 되겠죠!!"

수학이 없다면 우리 생활은 어떻게 될까?

수학이 없다면 당장 물건을 사고파는 것도 힘들어진다고. 예를 들어 너희가 편의점에서 700원짜리 아이스크림을 5개를 사면서 5000원을 내도 주인아저씨가 거스름돈을 안 주는 상황이 발생해. 왜냐고? 뺄셈을 해야 하는데 계산할 줄 모르니까. 이뿐만이 아니야.

수학이 없다면 측량을 못하게 되니까 도로를 건설할 수도 없어. 자동차 부품도 정확히 계산해서 넣을 수가 없게 돼. 비행기도 마찬가지지. 만일 이 모든 것을 대충 눈대중으로 맞춰서 만든다면? 도로는 삐뚤삐뚤해지고 자동차는 갑자기 멈춰서고 비행기는 하늘에서 뚝 떨어지게 될 거야. 상상만 해도 끔찍하지 않아?

전자 제품, 최첨단 제품을 만들 때도 수학이 없다면 부품의 위치, 재료의 양 등을 알 수 없어 물건을 만들 수 없게 돼. 옷도 정확한 치수를 잴 수가 없어서 제대로 맞는 옷을 입을 수가 없게 되지. 결국 수학이 없는 세상은 원시사회라는 거야. 돌도끼 하나 들고 벌거벗고 다녀야 하는 세상이 되는 거라고.

# 수란 무엇인가?

"수란 무엇일까?"

카레 박 아저씨의 갑작스런 질문에 난 말문이 막혔어. 대신 나보다 훨씬 똑똑한 윤지를 봤지. 하지만 윤지도 별 수 없더라고.

"수는 숫자를 말하는 거 아니에요?"

"틀린 말은 아니지만 정확한 표현은 아니야."

난 심술이 났어.

"우리가 그걸 알면 여기서 아저씨에게 수학을 배우겠어요? 우린 아직 어린 초등학생일 뿐이라고요."

그때 카레 박 아저씨가 카레가 담긴 접시를 내밀었어.

"여기 감자가 몇 개 있는지 알겠어?"

난 젓가락으로 카레를 저어가며 깍두기만한 감자를 세었어.

"12개가 있는데요."

카레 박 아저씨가 박수를 치며 외쳤어.

"그래. 그게 바로 수라는 거야!!"

수의 발명과 동시에 인간은 셈을 하기 시작

수라는 건 말이야, 간단히 말하자면 양을 나타내기 위한 기호라고 할 수 있어. 또 수를 말하기 위한 단어를 숫자라고 부르지. 옛날에 수가 없었을 땐 한 무리의 말이 있어도 숫자를 세지 못하고 "아~, 많구나!"라는 식으로 얘기했지. 하지만 이처럼 보는 것만으론 정확한 양을 파악할 수 없기 때문에 사람들은 수를 발명한 거야. 가장 오래된 숫자의 표기는 구석기 시대부터야. 짐승의 뼈에 선을 그어 수를 나타내기도 하고, 벽에 새겨놓기도 했단다.

재미있는 건 수의 발명과 동시에 인간은 셈을 하기 시작했다는 사실이야. 왜냐고? 그건 인간의 눈은 수에 약점을 갖고 있기 때문이지.

 ## 눈의 무력함과 손가락의 힘

인간의 눈은 주변 풍경과 사물을 구분할 수 있게 해주는 최고의 감각 기관이지만 문제가 수일 땐 무기력해져. 물건이 서너 개 정도의 적은 개수일 땐 파악이 가능하지만 열 개, 이십 개가 넘어가면 한눈에 알아보는 건 힘들어지지. 그래서 사람들은 짐승의 뼈, 나무, 돌에 수를 표기해서 알기 쉽게 정리하고 셈을 하기 시작한 거야. 하지만 주변에 뼈나 나무가 없을 땐 손가락을 이용하곤 했어. 손가락은 세상에서 가장 오래된 계산기라고 해도 손색이 없을 거야. 하지만 손가락은 열 개라 한계가 있지 않냐고? 물론 그렇지. 하지만 옛날 사람들은 손가락을 구부리거나 곧게 펴거나 해서 여러 가지 모양으로 바꾸어 손가락 계산기를 발전시켰어. 옛날 중국의 수학자는 열 손가락으로 10억이 넘는 수도 계산했다고 하니까 절대 손가락을 무시하면 안 된다고.

 ## 수학의 나라 인도

"자~!! 특제 소스로 맛을 낸 궁극의 카레 요리 등장이요!"

카레 박 아저씨가 의기양양하게 내놓은 카레덮밥을 보면서 우린 불안에 떨어야만 했어.

"이거 꼭 먹어야 해? 흑~ 난 정말 먹기 싫어!"

윤지 표정을 보니 아주 울상이더라고. 난 숟가락 가득 카레밥을 떠서 입에 넣으며 말했어.

"괜찮아. 오늘은 먹을 만… 우욱~!!"

도대체 왜 카레에서 고무타이어 맛이 나는 거냐구!

"엥? 그렇게 이상해?"

카레 박 아저씨는 카레를 맛보고는 아무 말 없이 뒤돌아서 천장을 바라봤어.

"하아~ 요리의 세계는 멀고도 험하구나…."

"너희 인도가 과학강국인 건 알고 있지?"

카레 박 아저씨는 무안한지 갑자기 화제를 바꿔 질문을 해대기 시작했어.

"알죠. 인도의 과학이 발달한 건 수학을 잘해서라고 들었어요."

"맞아. 윤지는 잘 알고 있네."

"인도 초등학생은 19단까지 외운다면서요?"

카레 박 아저씨는 콧수염 끝을 손가락으로 살살 꼬기 시작했어.

"그래. 인도는 수학을 잘하는, 놀라운 나라야. 내가 수학을 잘하는 비결도 그곳에서 특별한 비밀계산법을 배웠기 때문이지."

인도의 비밀계산법

인도에는 아주 오랜 옛날부터 입에서 입으로 전해져 내려오는 베다(Veda)라는 경전이 있어. 베다는 인도인의 종교와 철학을 담은, 지혜의 보물창고라고 할 수 있지. 근데 놀랍게도 베다 경전엔 독특한 계산법이 담겨 있었어. 하지만 오랜 세월이 흐르면서 잊혔는데 수학자인 바라티 크리슈나 티르타지가 20세기에 다시 구성해 세상에 알렸어. 베다수학, 또는 인도수학이라 불리는 세상에서 가장 빠른 계산법이 다시 등장한 거야.

83 곱하기 87을 5초 만에 계산할 수 있을까? 보통 일반적인 계산법은 오른쪽과 같아.

```
    83
   ×87
   ───
   581
  664
  ────
  7221
```

시간이 꽤 걸리지? 하지만 베다수학 계산법을 이용하면 금방 끝낼 수 있어.

$$83 \times 87 = 7221$$
(3×7) / 8×(8+1)

① 10 자리수가 같고 1 자리의 숫자끼리 더해서 10이 되면, 10 자리에 1을 더해서 곱하는 거야.

$$8 \times (8 + 1) = 72$$

② 다음엔 1의 자리 수끼리 곱하면 돼.

$$3 \times 7 = 21$$

③ 마지막으로, ①과 ②를 차례대로 적으면 정답이 되는 거야.

숫자랑 친해지기 ①

"수학을 잘할 수 있는 비결이 뭘까요?"

내 질문에 카레 박 아저씨는 "간단해. 일단 숫자랑 친해지면 돼."라고 했어.

"그럼 숫자랑 친해지는 방법은요?"

"먼저 작은 수로 쉬운 문제를 풀거나 물건을 이용해서 게임을 하면 도움이 되지."

윤지가 고개를 갸우뚱거리며 물었어.

"물건을 이용해서 게임을 해요?"

"그럼~! 주변 사물을 이용해서 재미있는 수학 놀이를 할 수 있지!"

Q1 카레 박 아저씨는 접시에 담긴 감자를 내밀었어.

"자~ 이 접시는 감자를 하나씩 담을 수 있어. 근데 우리 주방엔 이런 접시가 30개 있단다. 그럼 접시에 담을 수 있는 감자는 몇 개가 될까?"

Q2 주방에 접시가 30개 있다고 말했었지? 근데 감자는 모두 42개야. 그럼 몇 개의 접시가 모자란 걸까?

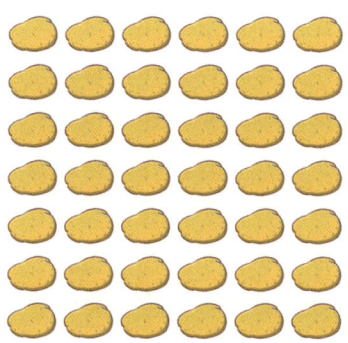

Q3 최대 15자루까지 연필을 넣을 수 있는 필통이 있어.

4개의 필통에 연필을 가득 채우고 7자루가 남았다고 하면 과연 총 연필 개수는?

정답

Q1. 곱셈의 의미 1 : 1의 대응 관계이므로 쟁반 30개면 담을 수 있는 감자 수는 30개가 된다.

Q2. 곱셈의 의미 1 : 1의 대응 관계, 감자 42개, 쟁반 30개 : 감자 42개에 쟁반이 각각 42-30=12개 부족으로 짝지어진 담을 쟁반이 없다. 그러므로 짝지어 담지 못하는 감자는 12개.

Q3. 필통의 연필은 1 : 15의 대응 관계이다. 필통이 4개이므로 4개의 연필통 (4×15), 15+15+15+15)로 대응 관계를 만들 수 있다. 필통의 연필은 총 60이고 낱개의 연필 7을 더하면 총 67자루가 된다.

옛날엔 숫자를 어떻게 표시했을까?

아라비아 숫자	1	2	3	4	5	6	10	50	100	500	1000
바빌로니아 숫자	▼	▼▼	▼▼▼	▼▼▼▼	▼▼▼▼▼	▼▼▼▼▼▼	◄	◄◄	▶▼	▼▼▼▶	◄▶◄
이집트 숫자	I	II	III	IIII	IIIII	IIIIII	∩	∩∩∩	℮	𓆼𓆼𓆼	𓏥
로마 숫자	I	II	III	IV	V	VI	X	L	C	D	M
한자 숫자	一	二	三	四	五	六	十	五十	百	五百	千

한 눈에 봐도 인도-아라비아 숫자가 편리하다는 걸 알 수 있지?

수와 숫자는 어떻게 다를까?

수와 숫자는 얼핏 같은 말 같지만 실제로는 다른 말이야. 숫자는 수를 나타내는 데 사용하는 0,1,2,3,4,5,6,7,8,9의 기호를 뜻하고 수는 이것을 포함한 크기나 양, 순서들을 의미해. 귤 열 개와 염소 열 마리를 모두 열이라고 말할 때 열은 수이고 이것을 인도-아라비아 숫자로 표현한 1, 0이 숫자가 되는 거야.

숫자랑 친해지기 ②

"너희 용돈 좀 줄까?"

"용돈이요?!"

나와 윤지는 깜짝 놀라서 동시에 외쳤어.

카레 박 아저씨는 야릇한 미소를 지으며 봉투를 내밀었어.

"그래. 그동안 수학공부를 열심히 한 상이다."

윤지와 난 양손을 잡고 덩실덩실 춤을 췄어. 하지만….

"이게 뭐예요!!"

"사기꾼! 거짓말쟁이!"

봉투 안엔 진짜 돈이 아닌 장난감 지폐와 동전이 들어 있었던 거야.

"허어~! 이건 그냥 장난감 돈이 아냐. 엄연한 공부 도구라고!"

"장난감 돈으로 무슨 공부를 해요?!"

화가 난 윤지의 항의에 카레 박 아저씨는 수염을 만지작거리며 진지한 표정으로 대답했어.

"이것만 있으면 재미나게 실감나는 수학놀이를 할 수 있단 말이다."

Q1
수리는 가진 돈 5만 원 중에 엄마에게 3만 원을 드리고 1만 원어치 탕수육을 사먹었어. 그런데 장난감 가게에서 너무나 맘에 드는 로봇 장난감을 보게 되었지. 로봇 장난감 가격은 4만 원. 한수리는 윤지에게 ( )만 원을 빌려, 로봇 장난감을 살 수 있었어.

Q2
윤지는 1만 원권 지폐 8장과 천 원권 지폐 7장, 그리고 100원 동전 4개를 갖고 있었어. 삼일 전 짝꿍 수리가 갖고 싶은 장난감이 있다면서 2만 5천 원을 빌려갔어. 수리는 나중에 돈을 갚을 때 이자 2천 원을 더해서 갚기로 약속했지. 만일 수리가 돈을 갚게 되면 윤지는 총 얼마의 돈을 갖게 되는 걸까?

정답

Q1. 5-3(엄마에게 드림 돈)-1(탕수육 사먹은 돈)=1만 원. 1만 원이 있게 되는 수리는 장난감 가격인 4만 원에서 모자란 금액인 3만 원을 윤지에게 빌려야 함. 그러므로 3.

Q2: 윤지가 가지고 있는 돈은 8만 7천 4백 원. 여기에서 수리에게 빌려준 돈 2만 5천 원과 수리가 갚기로 한 이자 2천 원을 원래대로 받으면 7천 4백 원이 됨. 그러므로 수리가 돈을 갚게 되면 윤지가 받게 되는 돈은 9만 4천 4백 원.

 **덧셈 쉽게하기 ①**

"25+17=?" "124+87=?" "229+43=?"

"천천히 좀 불러주세요! 아직 다 풀지도 못했는데!"

나랑 윤지가 투덜거리자 카레 박 아저씨는 초시계를 내려놓으며 말했어.

"쯧쯧~ 이 정도는 5초 안에 풀어야 하는 거 아냐?"

"너무해! 이건 쉬운 문제가 아니라고요!"

"흐흐~ 맞아. 단번에 풀기에는 쉽지 않은 문제들이지."

"에?"

더하기 10으로 시작하기

"그렇다면 모든 덧셈을 10으로 하면 어떨 것 같아?"

$$15+10=25 \qquad 57+10=67 \qquad 158+10=168$$

모든 수에 10씩 더하는 건 아주 쉬워. 작은 수뿐 아니라 큰 수 역시 10을 더하는 건 쉬운 일이야. 이렇게 10을 이용한 덧셈 연습을 하다 보면 자신감이 생기면서 문제에 대한 두려움이 사라지게 돼. 또 이를 응용해서 9를 더하는 계산도 쉽게 풀 수 있게 되지.

아까와 같은 수에 9를 더해 보자고.

$$15+9=24 \qquad 57+9=66 \qquad 158+9=167$$

2장_누워서 덧셈 풀기

눈치가 빠른 친구들이라면 뭔가 생각나는 게 있을 걸. 9는 10보다 1이 줄어든 수니까 같은 수에 10이 아닌 9를 더하면 답 역시 1이 빠지게 되는 거야.

10을 더했을 때		9를 더했을 때
15+10=25	→	15+9=24
57+10=67	→	57+9=66
158+10=168	→	158+9=167

이런 식으로 계속 응용하다 보면 어떤 덧셈문제도 쉽고 빠르게 풀 수 있게 되지. 만일 7을 더하게 되면 어떨까? 7은 10에서 3이 줄어든 수니까 10을 더한 답에서 3을 빼면 정답을 얻을 수 있어.

10을 더했을 때		7을 더했을 때
15+10=25	→	15+7=22
57+10=67	→	57+7=64
158+10=168	→	158+7=165

핵심은 10을 더해서 쉽게 계산한 후, 그 답에 10에서 줄어든 수만큼 빼서 정답을 내는 거라는 것! 어때? 엄청 간단해졌지?

응용문제

1. 수리는 매달 100원, 윤지는 50원씩 저축을 하기로 약속했어. 수리는 5개월 동안 저축을 했고 윤지는 12개월 동안 저축을 했어. 과연 둘 중에 누가 더 많이 돈을 모았을까?

2. 토요일 저녁 11시에 잠이 든 수리는 일요일 아침 7시에 일어났어. 점심을 먹고 오후 1시부터 3시까지 낮잠을 잔 수리는 친구들과 야구를 하고 놀았지. 저녁을 먹고 또 7시부터 8시까지 잠은 잔 수리는 총 몇 시간을 잔 걸까?

3. 윤지는 30분에 3km를 걸을 수 있어. 어느 날 윤지는 집에서 12km 떨어진 도서관을 걸어서 갔어. 도서관에 도착할 때까지 걸린 시간은 얼마일까?

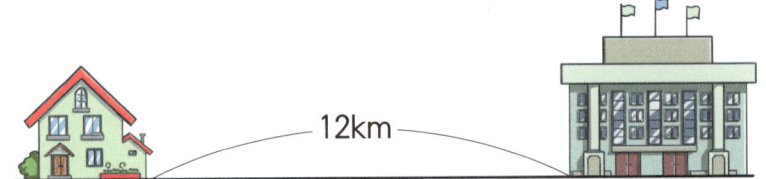

정답은 192p에

통장, 핸드폰 등의 비밀번호는 어째서 4자리?

인간이 한눈에 기억할 수 있는 한계가 4개라고 해. 동양에서는 옛날부터 4자리씩 끊어서 수를 읽었어. 그래서 통장이나 핸드폰의 비밀번호 역시 기억하기 쉽게 4자리를 사용한다고 보면 돼. 보통 전화번호를 외울 때 3~4자리씩 끊어서 외우게 되는 것도 그런 맥락이야.

풀이용 메모란

연습문제

"먼저 10을 만들어 더하는 것부터 시작하는 방법, 잊지 않았죠?"

1. 15+7=

2. 12+5=

3. 26+9=

4. 22+8

5. 33+8=

6. 35+6=

7. 44+5=

8. 46+6=

9. 52+7=

10. 58+3=

정답은 208p에

11. 66+7=

12. 63+5

13. 72+8=

14. 76+6=

15. 85+9=

16. 98+6=

17. 157+6=

18. 175+8=

19. 256+7=

20. 1756+9=

덧셈 쉽게 하기 ②

"그건 뭐야?"

나는 신이 나서 카레 박 아저씨에게 카드를 보여주며 말했어.

"피~ 아저씬. 이것도 몰라요? 이게 그 유명한 몬스터 카드라고요!"

"몬스터 카드?"

"네. 카드마다 전투력과 방어력이 있어서 친구들이랑 게임을 해서 따거나 잃을 수가 있어요."

카레 박 아저씨는 카드를 살펴보며 관심을 보였어.

"그래서 넌 오늘 좀 땄니?"

"헤헤~ 그럼요. 오늘 20장을 따서 100장을 채운걸요."

"오~ 대단한 걸?"

"헤헤~ 이 정도야 기본이죠."

카레 박 아저씨는 카드를 들고 또 질문을 하기 시작했어.

"만약에 매일 20장씩 딴다면 5일 후엔 카드가 얼마나 늘어날까?"

난 당황했지.

"갑자기 거기서 수학이 왜 나와요? 그리고 쉽게 계산할 수 있는 문제도 아니라고요!"

2장_누워서 덧셈 풀기

수의 유형을 살피면 계산이 쉬워진다

수 20, 30, 40… 등의 공통점은 일의 자리 숫자가 0이라는 거야. 일의 자리 숫자가 0이면 덧셈은 아주 쉽게 풀 수가 있지. 수리가 가진 몬스터 카드는 100장이었어. 매일 20장씩 딴다고 가정했을 때 5일 후엔 수리가 가진 카드 개수는 다음과 같이 계산해 볼 수 있어.

100+20=120 : 1일째
120+20=140 : 2일째
140+20=160 : 3일째
160+20=180 : 4일째
180+20=200 : 5일째

결국 수리의 몬스터 카드는 5일 후에 200장으로 늘어나게 되지. 여기서 답을 잘 보면 재미있는 사실을 알 수 있어. 답이 20씩 규칙적으로 늘어나는 게 눈에 보일 거야. 이게 바로 수의 유형, 패턴이라는 거야.

다음 문제를 보고 수의 유형을 생각해 보자.

17+10=27   17+11=28   17+12=29
17+13=30   17+14=31

이 문제에서 나오는 수의 유형은 바로 1이야. 답이 1씩 규칙적으로 늘어나고 있어. 이렇게 수들이 지닌 유형을 찾아내는 훈련을 하게 되면 단순 계산뿐 아니라 응용 계산 문제도 쉽게 풀 수 있게 되니 꾸준히 연습해 두는 게 좋아.

 응용문제

1. 수리가 좋아하는 온라인 게임 속에선 5분마다 몬스터가 5마리씩 등장해. 수리는 딱 35분 동안 게임을 즐겼어. 그렇다면 게임 속 몬스터는 모두 몇 마리가 등장했을까?

2. 수리는 할머니에게 받은 용돈 5000원을 엄마에게 맡겼어. 엄마는 한 달에 100원씩 이자를 주기로 약속했지. 10개월이 지난 지금, 할머니께 받았던 수리의 용돈은 이자까지 합쳐 총 얼마일까?

3. 카레 박 아저씨 식당의 카레밥 가격은 4000원이야. 어제 카레 박 아저씨는 1시간에 3그릇씩, 6시간 동안 카레밥을 팔았어. 카레 박 아저씨의 어제 수입은 얼마일까?

정답은 193p에

풀이용 메모란

연습문제

"계산하면서 수들의 유형을 생각하는 연습을 꾸준히 해보세요."

1. 20+15=

2. 16+10=

3. 20+25=

4. 16+15=

5. 20+35=

6. 16+20=

7. 20+45=

8. 16+25=

9. 20+55=

10. 16+30=

정답은 208p에

11. 13+14=

12. 14+15=

13. 16+14=

14. 17+15=

15. 87+13=

16. 97+13=

17. 107+13=

18. 225+5=

19. 325+6=

20. 425+7=

덧셈 쉽게 하기 ③

윤지와 난 동네 PC방에 들렀다가 깜짝 놀라고 말았어. PC방에서 카레 박 아저씨가 진지한 얼굴로 온라인 게임을 하고 있지 뭐야.

"아저씨는 어른인데 게임을 해요?"

"어른은 게임 하지 말란 법이라도 있남?"

"그건 아니지만…."

"오옷~! 레벨 업!!"

카레 박 아저씨의 성기사가 괴물을 물리치자 27포인트의 무력지수가 상승했어.

"움하핫! 대박! 아까 잡은 놈은 겨우 9포인트를 주더니 이번 건 27포인트네!"

"수리야, 윤지야. 내가 오늘 얻은 무력지수 포인트가 몇이게?"

윤지는 순간 움찔했어.

"그걸 저희가 어떻게 알아요?"

"말했잖아. 아까 9포인트 얻고 지금 27포인트 얻었다고."

나는 손가락을 꼽아보며 계산을 하기 시작했어.

"음~~~ 9에 27을 더하면…."

"하하하. 어쩐지 어렵게 느껴지지?"

카레 박 아저씨는 웃으며 말했어.

"그럴 땐 큰 수를 앞에 두면 계산이 쉬워진다고!"

큰 수를 이용하라

덧셈은 순서를 바꿔도 답이 바뀌지 않아. 그렇게 때문에 기왕이면 큰 수를 앞에 두고 계산을 하는 게 더 편하단다.

다음 문제를 머릿속에서 계산해 봐.

$$5+24= \qquad 6+33= \qquad 2+43=$$

시간이 얼마나 걸렸어? 이상하게 헷갈리게 되지? 자, 아까 얘기한 대로 큰 수를 앞에 놓고 계산해 볼까?

$$24+5= \qquad 33+6= \qquad 43+2=$$

29, 39, 45란 답이 훨씬 빨리 나오게 될 거야. 원리는 간단해. 큰 수를 앞에 놓고 계산하게 되면 제일 작은 단위인 일의 자리에서부터 덧셈을 하기 때문에 암산이 편해지는 거야. 즉 계산하기 편한 수를 먼저 공략하는 게 핵심이지.

10진법의 비밀

10진법이란 현재 가장 흔히 쓰이는, 일반적인 숫자 표기 방법이야. 0, 1, 2,…, 9의 10개의 숫자를 한 묶음으로 하여 자릿수를 올려가는 식이지. 1, 10, 100, 1000,…과 같이 10배마다 새로운 자리로 옮겨가는 숫자를 표시해. 10진법은 사람의 손가락 수에 의해 유래됐어. 우리 손가락이 딱 10개잖아. 손가락으로 계속 세다가 10진법을 완성하게 된 셈이야. 만일 인간의 손가락이 10개가 아니라 12개 혹은 20개였다면 어떻게 되었을까?

 응용문제

1. 수리는 색연필을 25자루 갖고 있었는데 친구에게 생일 선물로 색연필을 받아서 모두 56자루가 되었어. 수리가 친구에게 선물 받은 색연필은 몇 자루일까? (덧셈식과 답을 쓰시오.)

2. 수리와 윤지는 공원에서 함께 음료수 캔을 주웠어. 윤지는 음료수 캔을 27개 주웠는데, 두 사람이 주운 음료수 캔은 모두 52개야. 그럼 수리가 주운 음료수 캔은 몇 개일까? (덧셈식과 답을 쓰시오.)

3. 윤지네 집에 할머니와 이모, 고모가 오셨어. 할머니는 사과를 30개 사오셨고, 이모는 복숭아 22개를 사오셨지. 마지막으로 고모가 바나나 70개를 사오셨어. 윤지네 선물로 들어 온 과일은 모두 몇 개일까? (덧셈식과 답을 쓰시오.)

정답은 194p에

 풀이용 메모란

 ## 연습문제

"덧셈은 순서를 바꿔도 답이 달라지지 않는다는 걸 기억하세요!"

1. 7+20=

2. 20+7=

3. 9+26=

4. 26+9=

5. 12+45=

6. 45+12=

7. 30+256=

8. 256+30=

9. 2+53=

10. 53+2=

정답은 208p에

11. 2+55=

12. 4+16=

13. 8+55=

14. 15+270=

15. 7+445=

16. 11+245=

17. 5+67=

18. 12+386=

19. 33+726=

20. 17+33=

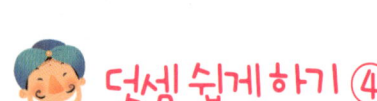
덧셈 쉽게 하기 ④

"27+7은?"

"34요!"

"그럼 88+9는?"

"97이죠!"

카레 박 아저씨는 손가락으로 콧수염을 문지르며 감탄을 했어.

"호오~ 제법 많이 늘었는걸."

"헤헤~ 제가 공부를 안 해서 그렇지 머리는 좋거든요."

그때 카레 박 아저씨가 내 뺨을 양손으로 세게 잡아당기며 말했어.

"자만하지 마라, 애송이! 남들 다 하는 걸 이제 겨우 따라한 주제에!"

"아악~ 아파요!!"

난 뺨을 부여잡고 카레 박 아저씨를 노려봤어.

"폭력은 싫어요!"

"시끄럽고~ 여기서 문제! 네가 엄마에게 75원을 받았는데 아빠가 17원을 더 주셨어. 그러자 삼촌이 35원을 더 주시네. 마지막으로 이모가 13원을 주셨다면 네가 받은 돈은 모두 얼마일까?"

"에~ 가만 있자. 75 더하기 17 더하기… 그리고 35 더하기 13 더하기를 하면…"

"5… 4… 3… 2…1… 땡! 시간 다 됐다!"

"너무해요! 갑자기 복잡한 덧셈 문제를 내는 법이 어디 있어요?"

"쯧쯧~, 지금껏 뭘 배웠어? 순서를 바꿔서 편한 수부터 계산하면 되잖아!"

덧셈은 순서를 바꾸면 쉬워진다

전에도 이야기했지만 덧셈은 순서를 아무리 바꿔도 답이 그대로야. 이 법칙은 여러 개의 수를 더한다고 해도 바뀌지 않지.

5+7+3=   3+5+7=   7+3+5=

언뜻 보기에는 달라 보이지만 실은 같은 문제이기 때문에 답은 15지.
조금 어려운 숫자로 한 번 더 해볼까?

23+45+17=   17+23+45=   45+17+23=

이 문제들의 답은 85야.
이렇게 여러 개의 수를 더하는 식은 쉬운 계산을 먼저 더하는 게 요령이야.
아까 한수리에게 내준 문제도 같은 요령으로 풀면 쉽게 답을 얻을 수 있어.

75+17+35+13=

이걸 그냥 순서대로 푸는 것보다 합쳐서 일의 자리가 0이 되는 쉬운 수부터 계산을 하면 빠르고 쉽게 답을 얻을 수 있어.

75와 35를 합치면 110, 17과 13을 합치면 30

여기서 110에 30을 더하면 140이라는 답이 나오지. 어때? 보기에도 쉬워 보이지 않아? 만일 합쳐서 일의 자리가 0이 되는 수가 없다면 쉬워 보이는 수부터 나열된 순서와 상관없이 계산하면 돼.

 응용문제

1. 수리는 숫자가 적힌 파란색 티셔츠와 붉은색 티셔츠를 각각 세 벌씩 갖고 있어. 아래 셔츠 중에 붉은색 티셔츠에 적힌 숫자를 모두 합치면 얼마일까?

2. 수리가 다니는 초등학교에서 축구와 야구를 대상으로 인기 조사를 했어. 1반에선 축구가 좋다는 아이가 23명, 야구가 좋다는 아이가 17명. 2반에선 축구가 좋다는 아이가 32명, 야구가 좋다는 아이가 6명. 3반에선 축구가 좋다는 아이가 21명, 야구가 좋다는 아이가 15명이었어. 이 세 반을 합쳐 축구를 좋아하는 아이는 모두 몇 명일까?

3. 수리는 오늘도 PC방에서 온라인 게임을 했어. 첫 번째 스테이지에서 수리는 몬스터 130마리를 물리쳤어. 두 번째 스테이지에선 134마리, 세 번째 스테이지에선 57마리, 네 번째 스테이지에선 무려 256마리의 몬스터를 물리쳤지. 수리가 물리친 몬스터는 모두 몇 마리일까?

정답은 195p에

2장_누워서 덧셈 풀기

풀이용 메모란

 ## 연습문제

"여러 수의 덧셈은 계산하기 쉽도록 일의 자리가 0이 되는 수끼리 먼저 덧셈을 해보세요."

1. 4+2+6=

2. 6+2+4=

3. 2+4+6=

4. 11+24+9=

5. 24+9+11=

6. 9+11+24=

7. 6+7+44=

8. 27+36+13=

9. 2+60+28=

10. 17+33+53=

정답은 208p에

11. 45+38+15=

12. 39+7+11=

13. 6+3+4+7=

14. 15+22+8+5=

15. 20+15+80+5=

16. 33+25+17+3=

17. 6+5+155+14=

18. 47+32+3+5=

19. 57+4+6+33=

20. 60+33+140+7=

베다수학의 비법 ① 한쪽을 더하면 한쪽을 빼라

자, 여기까지 잘 따라와 준 여러분에게 특별히 베다수학의 비법을 하나 알려줄게요. 조금 어렵게 느껴질지 모르지만, 천천히 잘 읽고 따라 풀다보면 금세 쉽게 이해할 수 있어요!

바지 주머니 왼쪽에 있는 동전 99개와 오른쪽에 있는 48개를 합하는 문제에서 우선 오른쪽 주머니의 48개 중 동전 1개를 왼쪽 주머니에 넣습니다. 그러면 왼쪽에는 동전 100개가 되고 오른쪽은 47개가 되겠죠? 즉 동전 147개라는 답을 쉽게 얻을 수가 있어요. 주머니의 돈을 하나 빼서 다른 편에 넣어도 동전은 항상 내 주머니 안에 있습니다. <u>베다수학은 보수를 사용해 문제를 기억하기 쉬운 숫자로 단순화</u>하여 계산하는 것이 포인트입니다.

이렇게 풀어요

99 + 48 = ? 99 + ❶ 1 = 100 48 - ❷ 1 = 47 100 + 47 = ❸ 147	❶ 두 수 중 어느 한쪽을 선택해서 끝자리가 0으로 떨어지게 덧셈을 하여 그 값을 기억합니다. ❷ 떨어지게 만든 보수를 다른 쪽에서 빼기를 하여 남은 값을 기억합니다. ❸ 기억해 두었던 100과 47을 더합니다. 100+47=147

베다수학은 계산 풀이를 최대한 단순화하여 큰자리 숫자를 암기할 수 있도록 만든 다음 작은 자리에서 계산합니다.

같은 원리지만 조금 응용한 다른 방법도 있어요

25 + 58 = ?	❶ 8의 보수 2를 더해 60을 만듭니다.
58 + ❶2 = 60	❷ 60에 25를 더하면 85가 됩니다.
60 + 25 = ❷85	❸ 85에서 8의 보수 2를 빼면 83이 됩니다. 85-2=83
85 - 2 = ❸83	

보수는 반대로 세어가는 수라고 합니다. 10을 기준으로 7의 보수는 3, 100을 기준으로 89의 보수는 11입니다. 베다수학에서는 10, 100, 1000의 보수를 만들어서 계산에 사용합니다.

위와 같은 방법을 이용해서 다음 문제들을 풀어볼까요?

79 + 42 = ?	55 + 28 = ?
79 + ☐ = ☐	28 + ☐ = ☐
42 - ☐ = ☐	55 - ☐ = ☐
☐ + ☐ = ☐	☐ + ☐ = ☐

이 문제들을 처음 연습할 때는 보수를 주고받는 단계를 종이에 적어가면서 계산해도 좋아요. 그러나 방법을 이해하고 어느 정도 익숙해지면 종이에 적지 말고 머릿속에 암기하기 쉬운 숫자로 만들어 기억해 답을 낼 수 있도록 꾸준히 암산 연습을 하도록 해요!

연습문제

1. 94+57=

2. 96+68=

3. 69+89=

4. 34+26=

5. 45+79=

6. 38+35=

7. 66+57=

8. 85+67=

9. 97+64=

10. 36+99=

정답은 208~209p에

11. 88+48=

12. 72+47=

13. 67+13=

14. 23+69=

15. 92+38=

16. 65+78=

17. 40+81=

18. 77+16=

19. 117+83=

20. 57+233=

베다수학의 비법 ② 두 개씩 끊어서 더하라

와!! 여러분들은 정말 천재예요! 어떻게 이렇게 금세 덧셈의 비법을 깨우칠 수 있는 거죠? 이거 참…, 좋아요! 그럼 정말 정말 특별히 한 가지 비법을 더 알려줄게요.

1234+5678=?

이번엔 수가 굉장히 커졌죠? 네 자릿수끼리 더하는 문제라 언뜻 어렵게 보이지만, 사실은 아주 쉽게 풀 수 있는 비법이 있어요. 바로 두 개씩 끊어서 더하는 거예요.

세 자릿수 이상 덧셈을 할 때 학교에서는 오른쪽에서 왼쪽, 즉 작은 수에서부터 큰 수로 올림하여 계산을 합니다. 그러나 베다수학에서는 두 자리 단위로 나눠서 계산하여 덧셈을 합니다.

❶ 12|34
  + 56|78

❷ 12|34
  + 56|78
  ─────
        112

❸ 12|34
  + 56|78
  ─────
        1 12
       68
  ─────
       69 12

❶ 베다수학에서는 세 자리 이상의 덧셈을 할 때 오른쪽의 두 자리 수 단위로 끊어서 계산합니다.
❷ 34+78을 계산한 112를 적습니다.
❸ 앞자리 12+56을 계산한 68의 자리 위치에 맞춰 112를 덧셈 계산하면 1234+5678=6912가 됩니다.

베다수학은 블록 단위로 나눠서 계산하여 단계를 줄여 푸는 것이 포인트입니다. 세 자리와 네 자리 계산, 복잡한 계산도 암산이 가능한 부분과 필산을 결합하여 효율적으로 계산할 수 있어요.

 연습문제

정답은 209p에

1.
```
    53 49
+   65 33
───────────
```

4.
```
    73 42
+   12 43
───────────
```

2.
```
    62 49
+   34 74
───────────
```

5.
```
    55 25
+   17 33
───────────
```

3.
```
    33 41
+   54 55
───────────
```

6.
```
    33 29
+   23 46
───────────
```

 연습문제

7.
```
   9934
+  1724
```

10.
```
   6649
+  5333
```

8.
```
   7789
+  6566
```

11.
```
   6854
+  9234
```

9.
```
   3466
+  4863
```

12.
```
   2675
+  5652
```

정답은 209p에

13.
```
   3310
+  4027
-------
```

16.
```
   8963
+  3470
-------
```

14.
```
   3535
+  6565
-------
```

17.
```
   4656
+  4656
-------
```

15.
```
   9955
+  1126
-------
```

18.
```
   3725
+  8824
-------
```

3장 하품하면서 뺄셈 풀기

 ## 뺄셈 쉽게 하기 ①

"아~ 덥다 더워!"

난 가게에 들어서자마자 선풍기의 강풍 스위치를 힘껏 눌렀어.

"으악~ 안 돼! STOP!!"

카레 박 아저씨가 손을 흔들며 비명을 질렀지만 이미 때는 늦었어. 테이블 위에 잔뜩 쌓여있던 카레가루가 선풍기 바람에 날려 가게 안을 가득 채워버렸거든.

"콜록! 콜록! 이게 다 뭐예요?"

"뭐긴 뭐야? 요리에 들어갈 카레가루지. 흐미~ 이거 아까워서 어떻게 하냐?"

"얼마나 날아간 거예요?"

카레 박 아저씨는 카레봉투를 저울에 올려놓곤 한숨을 쉬었어.

"원래 70그램이었는데 지금은 30그램밖에 안 남았어."

카레 박 아저씨는 날 원망스러운 눈으로 보며 물었어.

"네가 날려버린 카레가루가 총 얼마야?"

"그, 글쎄요. 갑자기 그런 질문을 하시면 제가 아주 당황스럽답니다."

"당황은 무슨! 뺄셈은 선만 그을 줄 알아도 할 수 있는 계산이라고!"

"선이요?"

"그래! 선!"

수직선엔 뺄셈의 원리가 숨어 있다

노트에 선을 길게 그어 봐. 그리곤 10단위로 눈금을 70까지 만들어볼까?

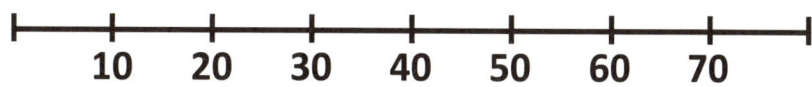

이제 총 70그램의 카레가루 중에 현재 남은 양인 30그램까지 반대로 곡선을 그어보자.

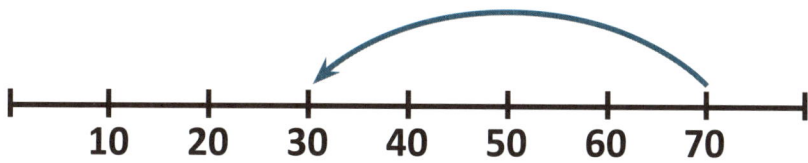

이렇게 선을 그려보니 금방 40그램이 빠져나갔다는 것을 쉽게 알 수 있게 되지?

재미있는 수학이야기 ⑤

사칙연산 중 어떤 연산기호가 제일 먼저 만들어졌을까?

더하기 기호인 +와 빼기 기호인 -의 탄생은 1489년이고 등호인 =는 1557년이며, 곱하기 기호인 ×는 1631년, 나누기 기호인 ÷는 1659년에 만들어졌다고 한다.

필통에 있는 휴대용 자를 이용하면 더 편하게 뺄셈의 원리를 알 수 있어.

11-5=　　　　**20-5=**　　　　**17-13=**

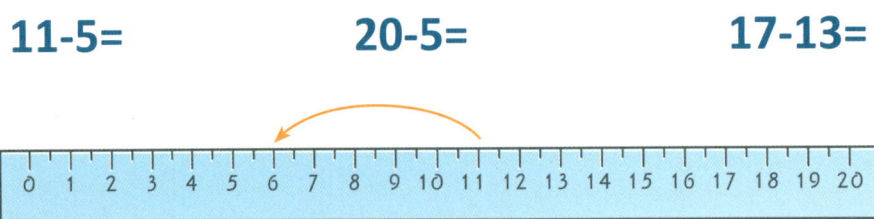

11에서 밑으로 5만큼 내리면 6에서 정지하게 되지.
즉 11-5=6이란 걸 알 수 있어.

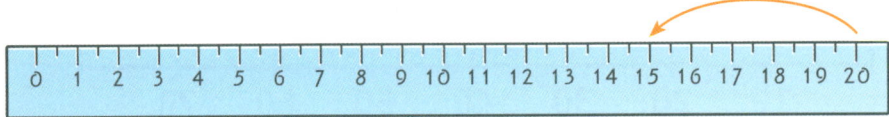

20에서 5만큼 내리면 15에서 멈추게 돼. 20-5=15라는 말씀.

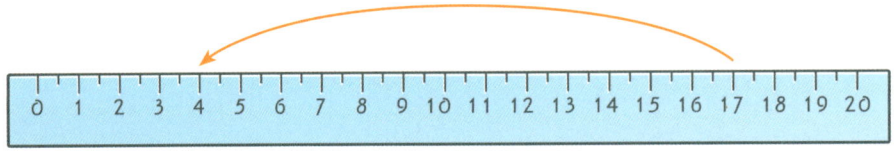

이것 역시 17에서 아래로 13만큼 내려오면 4에서 딱 멈추지. 17-13=4

어때? 이렇게 뺄셈을 하니까 계산하는 것 같지 않고 머리에 쏙쏙 들어오지? 하지만 그렇다고 늘 자를 갖고 다닐 수는 없는 노릇. 이때 제일 좋은 방법은 머릿속에 수직선을 그려 계산하는 연습을 하는 거야.

머릿속에 수직선을 그려 계산하는 연습을 해보자!

65 - 48 =

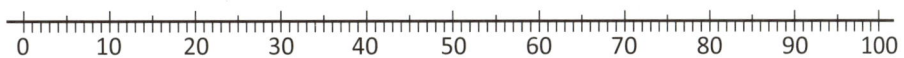

53 - 24 =

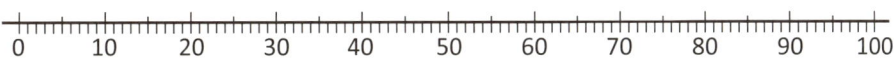

88 - 66 =

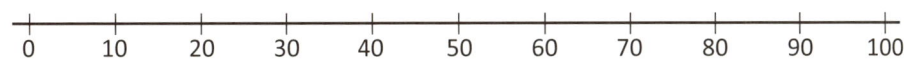

45 - 37 =

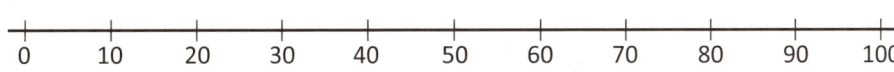

 응용문제

1. 윤지가 광화문에 가기 위해서 150번 버스를 타면 24정거장이 걸려. 그런데 230번 직행버스를 타면 16정거장만 가게 되지. 윤지가 230번 직행버스를 타면 몇 정거장이 줄어드는 걸까?

2. 수리는 일주일 동안 아버지 구두를 열심히 닦아서 용돈 5000원을 받았어. 용돈을 받은 날 수리는 신이 나서 윤지와 함께 떡볶이 1000원어치와 만두 1300원어치를 사먹었어. 이제 수리에게 남은 용돈은 얼마일까?

3. 윤지가 상자를 열었더니 맛있는 초콜릿이 3개씩 8줄이 있었어. 윤지는 그 자리에서 당장 2개를 먹고 오후에 3개를 더 먹었어. 저녁땐 놀러온 수리가 무려 5개나 먹어치웠지. 이제 상자엔 몇 개의 초콜릿이 남아 있을까?

정답은 196p에

3장_하품하면서 뺄셈 풀기

풀이용 메모란

연습문제

"뺄셈이 헷갈릴 때는 머릿속에 자를 그려서 계산하면 훨씬 쉬워져요!"

1. 60-20=

2. 150-50=

3. 300-250=

4. 100-65=

5. 88-55=

정답은 209p에

6. **55-27=**

7. **62-33=**

8. **81-3=**

9. **34-7=**

10. **47-36=**

11. **26-8=**

12. **83-73=**

13. **160-70=**

14. **540-130=**

뺄셈 쉽게 하기 ②

윤지와 나는 평소와 다름없이 카레 박 아저씨 가게에 모여 과외를 받고 있었어. 수직선을 그려가며 풀었더니 쉽게 잘 풀려서 신이 났지.

"하하핫! 이러다 수학의 신이 될지도…."

"욘석아! 자만하지 마라. 쉬운 문제 풀어놓고 생색은…."

"맞아요. 너무 쉬워서 그냥 암산으로도 풀리는 걸요."

"것 보렴!"

난 얄미운 윤지를 노려보았어.

'쳇! 잘난 척 하기는!'

카레 박 아저씨는 내 앞으로 문제가 적힌 종이를 내밀었어.

'100-69=?'

"3초 안에 계산해 봐."

"아니 이걸 3초 안에 어떻게?"

"쯧쯧~ 내 이럴 줄 알았지. 한수리 넌 아직 멀었어."

"히잉~! 이것도 비법이 있는 건가요?"

"물론이지. 덧셈을 이용하면 돼."

"엣, 뺄셈에서 덧셈을 이용하라고요?"

덧셈을 잘하면 뺄셈은 더 잘한다

100-69=

이 문제가 어렵게 느껴져?

100-70=

그럼 이 문제는 어때? 앞의 문제보다 좀 쉽게 느껴지지? 이처럼 뺄셈에서 단위가 올라갔을 땐 일의 자리를 0으로 만들어서 빼면 쉽게 풀 수 있게 되지. 사실 이 비법은 앞에서 얘기한 덧셈의 요령에도 나오는 거라고.

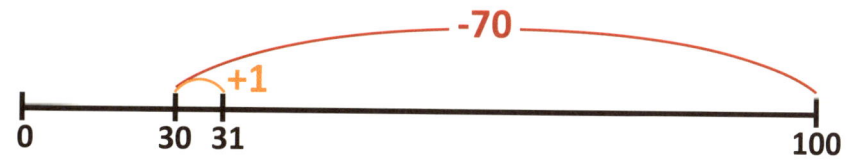

선을 그려서 눈으로 보면 보다 확실히 알 수가 있어. 원래 주어진 문제는 '100-69=' 이지만 일의 자리를 0으로 만든 '100-70='으로 풀면 30이라는 답을 쉽게 얻을 수 있지. 여기에 미리 빼둔 1을 더하면 원 문제의 정답인 31이 나오는 거야. 즉, 뺄셈을 잘하려면 덧셈을 적절히 이용할 줄 알아야 한다는 말씀.

78-47=

이 문제도 같은 방식으로 풀어보자.

'78-47=' 일의 자리가 0이 아닌 이런 유형의 문제를 '78-50='으로 바꾸는 요령이 필요해. 정확하게 풀어쓰면 다음과 같은 식이 나올 수 있어.

78-50[47+3]=

78에서 50을 빼면 28이 되지. 여기에서 아까 50을 만들기 위해 남겨두었던 3을 더하면 최종 해답인 31이 나오게 되는 거야.

 응용문제

1. 수리는 가격이 500원인 과자 2개와 300원인 사탕 4개를 샀어. 수리의 주머니에 남은 돈은 총 2300원. 수리는 원래 얼마를 가지고 있던 것일까?

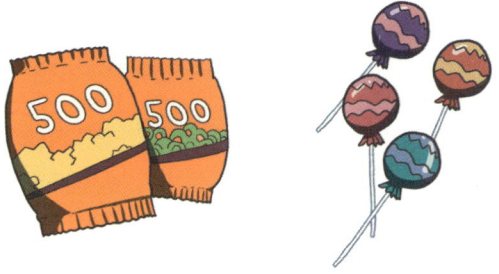

2. 숫자카드 3, 2, 8 중에서 두 장을 골라 만든 가장 큰 두 자리의 수와 20과의 차를 구해 보자.

3. 수리는 3000원을 들고 단골 PC방에 갔어. 그런데 원래 1시간에 1000원이던 PC방이 시간 당 800원으로 가격을 내렸네! 수리는 행복한 마음으로 PC방에서 2시간을 놀다 돌아왔어. 수리의 주머니에는 얼마가 남았을까?

정답은 197p에

  연습문제

"단위가 큰 뺄셈은 먼저 일의 자리를 0으로 만들어 계산하면 쉽답니다!
마지막에 같은 수를 다시 셈하는 것도 잊지마세요."

예) 100-57=
100-60[57+3]=
100-60=40
40+3=43
100-57=43

예) 100-53=
100-50[53-3]=
100-50=50
50-3=47
100-53=47

1. 80-33=

2. 99-20=

3. 45-32=

4. 87-55=

5. 100-49=

6. 200-51=

정답은 209p에

7. 160-36=

8. 180-58=

9. 88-27=

10. 53-28=

11. 98-41=

12. 102-40=

13. 154-39=

14. 186-99=

15. 222-47=

16. 350-54=

뺄셈 쉽게 하기 ③

"얘들아, 좀 도와줘!"

카레 박 아저씨는 큰 자루를 매고 낑낑대며 가게에 나타났어.

"그게 뭐예요?"

"감자야. 요 앞에서 싸게 팔기에 좀 많이 사왔지."

카레 박 아저씨는 자루를 풀고 감자를 테이블 위에 올려놓았어.

"와~ 엄청 많네요!"

"헤헤~ 감자 몇 개는 쪄서 먹음 맛있겠당~!"

"먹고 싶어?"

"네~!!"

나와 윤지는 큰 소리로 대답했어.

"여기 감자는 총 120개야. 여기에서 39개를 빼서 찌면 되겠네."

"어머? 그렇게 많이는 못 먹어요!"

윤지가 정색을 하며 말렸어.

"하하~ 물론 농담이지. 한수리! 120개의 감자에서 39개의 감자를 빼면 몇 개의 감자가 남을까?"

"왜 나만 갖고 그래요! 것도 갑자기 어려운 문제를….."

"어렵긴 뭐가 어려워! 120이라는 수는 반으로 나눌 수 있는 수라 계산하기 쉽다고!"

"반으로 나눈다고요?"

수를 반으로 자르면 계산이 쉬워진다

120-39=   80-15=   100-27=

이러한 유형의 뺄셈은 보다 빠르고, 쉽게 풀 수 있어. 120, 80, 100 이란 수의 공통점은 반으로 딱 자를 수가 있다는 점이야. 120의 반은 60으로 나눌 수 있지.

120-39=?   60-39=21

이렇게 보다 작은 수로 뺄셈을 하면 쉽게 풀 수가 있게 되는 거야. 물론 여기에 아까 반으로 잘랐던 60을 다시 돌려줘야겠지?

120-39=?   60-39=21
21+60=81

자, 이와 같은 방법으로 나머지 두 문제도 풀어보자.

80-15=?   100-27=?
40-15=25   50-27=23
25+40=65   23+50=73

이런 식으로 큰 수들을 반으로 잘라 계산하니 아주 편하지?

66, 300, 1500, 80000 등 반으로 나눌 수 있는 수들은 많으니까 연습해 두면 큰 도움이 될 거야.

단, 반으로 자른 수보다 빼야 될 수가 더 큰 경우엔 이 방법을 쓸 수 없다는 걸 명심할 것.

66-57=?   33-57=!!

66을 반으로 자른 33은 57보다 작은 수이므로 뺄셈으로 풀 수가 없다는 것을 알 수 있어.

33 < 57

응용문제

1. 수리는 엄마 심부름으로 10000원을 들고 슈퍼에 갔어. 당면과 두부를 사고 남은 돈은 가져도 좋다는 말에 아주 신이 났지. 당면은 5600원, 두부는 1300원 이야. 그런데 당면과 두부를 묶어서 6000원에 파는 상품이 있지 뭐야. 그냥 당면과 두부를 사는 쪽과 묶어서 파는 상품을 샀을 때 수리의 용돈은 얼마나 차이가 날까?

2. 네 장의 카드에 각각 3, 0, 8, 5 란 숫자가 적혀 있어. 여기에서 3장을 뽑아 한 번씩만 사용하여 세 자리 수를 만들 때, 가장 큰 수와 가장 작은 수의 차이는 얼마일까?

3. 윤지는 한 달에 다섯 권의 책을 읽고 수리는 세 권씩 읽고 있어. 일 년이 지난 후 두 사람의 독서량은 얼마나 차이가 날까?

정답은 198p에

연습문제

"둘로 나눌 수 있는 큰 수는 반으로 나눠 계산해서 나온 답에 아까 반으로 잘랐던 수를 다시 셈을 해주면 간단해요."

1. 86-23=

2. 88-24=

3. 60-22=

4. 66-13=

5. 100-47=

6. 100-38=

7. 200-88=

8. 200-69=

9. 188-40=

10. 150-70=

정답은 209p에

11. 300-45=

12. 400-150=

13. 600-250=

14. 900-450=

15. 1000-450=

16. 1000-375=

17. 60000-25000=

18. 60000-15000=

19. 200000-55000=

20. 200000-75000=

뺄셈 쉽게 하기 ④

"자~ 오늘은 퀴즈타임을 가져보자!"

"갑자기 웬 퀴즈예요?"

난 투덜거렸지만 윤지는 "꺄! 저 퀴즈 엄청 좋아해요!"라며 좋아하더라구.

"호호~ 좋았어. 문제를 먼저 맞히는 사람에겐 카레 요리를 상품으로 주겠어!"

"으윽~! 의욕상실~! 그건 상이 아니라 벌이라고요!"

"시끄럽고~ 잘 듣기나 해! 여기 같은 크기의 콩 주머니 두 개가 있어. 내가 가진 콩은 총 50개인데 콩 주머니에 20개를 넣었더니 꽉 찼어. 여기서 문제! 나는 콩을 콩 주머니에 모두 넣을 수 있을까? 만일 남는다면 몇 개가 남을까?"

"어어~ 쉬운 것 같으면서도 어렵다."

나와 윤지는 이마에 주름을 만들어가며 고민했어. 카레 박 아저씨는 그런 우리를 보며 혀를 찼어.

"쯧쯧쯧~ 뺄셈과 덧셈을 함께 이용하면 쉽게 풀 수 있는데…"

덧셈은 뺄셈의 짝꿍이다

'가진 콩이 50개인데 콩 주머니는 콩을 20개까지만 넣을 수 있다.'를 식으로 만들면 다음과 같아.

 20+□=50

50과 같은 값이 되기 위해선 □에 30이란 수가 들어가야 하지. 하지만 콩 주머니에는 콩이 20개밖에 들어가지 않는다는 사실을 잊지 말라고.

그렇다면, 콩 주머니 2개가 있을 때 주머니에 담을 수 있는 최대 양은 20 더하기 20으로 총 40개.

$$50-40=10$$

이런 식으로 풀면, 콩을 2개의 주머니에 나누어 담았을 때 결국 10개가 남는다는 걸 알 수 있지.

이런 유형의 문제를 보면서 깨달을 수 있는 건 덧셈은 뺄셈의 아주 친한 친구라는 거야.

$$300-200=100 \quad 200+100=300 \quad 300-100=200$$

어때? 덧셈식과 뺄셈식으로 만들어보니까 수가 문제와 답을 왔다갔다 돌아다니는 걸 알 수 있겠지? 이런 원리 때문에 뺄셈을 푼 다음 답이 맞는지 검산을 할 때 덧셈을 이용하게 되는 거야. 덧셈과 뺄셈은 정반대의 성격을 지녔지만 빛과

그림자처럼 절대로 떨어질 수 없는 관계라고.

자, 그럼 응용 문제로 덧셈과 뺄셈의 관계를 좀 더 알아보도록 할까?

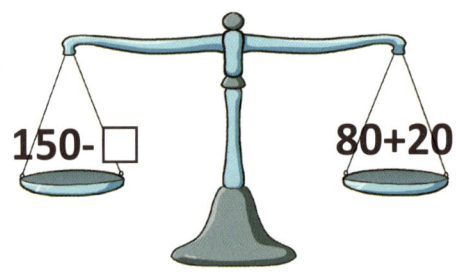

위의 문제를 보면 저울이 균형을 이루고 있기 때문에 양쪽의 값이 같다는 것을 알 수 있어. 이것을 식으로 만들면 아래와 같이 나오게 되지.

150-□=80+20

□안에 들어가는 수에 따라 식이 맞을 수도 틀릴 수도 있겠지? 이런 식을 방정식이라고 하는데, 우리는 이 방정식의 □에 들어가서 식을 참으로 만들어줄 어떤 수를 찾아야 돼.

자, 식으로 돌아가보자. 150에서 어떤 수를 뺀 것이 80+20의 값과 같아야 한다는 얘기인데, 80에 20을 더하면 100. 결국 이 문제는 150에서 100을 뺀 수를 구하는 식으로 풀면 답을 구할 수 있어.

150-□=100=80+20
150-100=□
□=50
100+50=150

정답을 넣어보면 확실히 이해가 될 거야. 이처럼 뺄셈은 덧셈을 제대로 이해하고 응용하면 더 쉽게 풀 수 있게 된단다. 한 번 더 강조할게. 뺄셈 문제를 푼 후엔 덧셈을 이용해 확인, 검산을 해보는 버릇을 가져봐. 분명 많은 도움이 될 거야.

부등호 기호를 처음 사용한 사람은 누구?

'크다'와 '작다'를 의미하는 '〉', '〈'는 16~17세기에 살았던 영국의 수학자 토마스 해리엇이 도입하였다. 당시엔 대소 관계를 나타낼 때], [식의 비슷한 여러 가지 기호가 난무하였다고 한다.

명수법은 박명수가 아니다

수에 이름을 붙이는 방법을 명수법(命數法)이라고 한다. 즉, 명수법이라는 것은 1을 '일'이라고 하고 2를 '이', 10을 '십', 1000을 '천', 20090224를 '이천구만 이백이십사'라고 부르는 방법을 말하는 것이다. 이 명수법은 당연히 나라마다, 언어마다 다르다.

 **응용문제**

1. 이순신 장군은 1545년에 태어나셨고 1598년에 노량해전에서 전사하셨지. 신라의 김유신 장군은 595년에 태어나셨고 673년에 돌아가셨어. 두 분 중 누가, 얼마나 더 오래사신 걸까?

 VS

2. 수리와 윤지는 다트놀이를 했어. 첫 번째 시합에서 수리는 50점, 70점, 0점을, 윤지는 30점, 100점, 50점을 맞췄어. 두 번째 시합에선 수리는 20점, 50점, 100점을, 윤지는 100점, 10점, 50점을 맞췄지. 과연 둘 중에 누가? 얼마만큼의 점수 차로 이겼을까?

정답은 199p에

3장_하품하면서 뺄셈 풀기

3. 다음 빈칸에 알맞은 답을 넣어 보세요.

① 220-170=☐+28

② 88-☐=11+33

③ ☐-130=45

뺄셈은 순서를 바꾸면 낭패!

뺄셈은 덧셈과 달리 순서를 바꿔 계산하면 답이 틀려지니 주의해야 한다. 그러므로 반드시 앞에서부터 계산해야 한다는 것을 명심하자!

① 41-6-5=30 **(O)**
   35
   30

② 41-6-5=40 **(X)**
   1
   40

41-6-5를 올바로 계산하려면 ①번처럼 차례대로 계산해야 한다.

연습문제

"덧셈과 뺄셈이 아주 친한 사이라는 걸 생각하면서, 문제를 푼 다음 검산해 보세요."

1. 137-40=
   (검산식   )

2. 194-58=
   (검산식   )

3. 330-45=
   (검산식   )

4. 52-15=
   (검산식   )

5. 68-33=
   (검산식   )

6. 142-85=
   (검산식   )

7. 940-58=
   (검산식   )

8. 830-90=
   (검산식   )

9. 166-24=
   (검산식   )

정답은 210p에

10. **190-88=**
    (검산식   )

11. **88-52=**
    (검산식   )

12. **434-24=**
    (검산식   )

13. **333-221=**
    (검산식   )

14. **274-27=**
    (검산식   )

15. **842-555=**
    (검산식   )

16. **640-160=**
    (검산식   )

17. **335-275=**
    (검산식   )

18. **220-30=**
    (검산식   )

19. **300-97=**
    (검산식   )

20. **337-319=**
    (검산식   )

베다수학의 비법 ③ 양쪽을 더해서 빼라

뺄셈의 원리와 방법을 터득한 여러분에게 베다수학의 두 번째 비법, 베다수학의 뺄셈은 빠지는 수와 빼는 수 양쪽에 같은 수를 더해 항상 같은 답이 나오도록 하는 것이 포인트예요. 뺄셈도 덧셈과 마찬가지로 기억하기 쉬운 보수를 활용합니다.

74-39=?

덧셈과 함께 뺄셈도 보수를 사용하여 문제를 풀 수 있습니다. 한쪽의 자릿수가 0이 되도록 보수를 넣어 덧셈을 하고, 뺄 숫자에도 같은 수를 더하여 뺄셈하면 항상 같은 값이 나옵니다.

74 − 39 = ? 39 + ❶ 1 = 40 74 − 40 = ❷34 34 + ❸ 1 = 35	❶ 두 개의 숫자 중 끝자리를 0으로 만들기 쉬운 숫자를 선택, 덧셈을 하여 수를 기억합니다. 9의 보수 1을 더해 40을 만듭니다. ❷ 떨어지게 만들어 기억한 수를 다른 쪽에서 뺄셈 계산합니다.(74-40=34) ❸ 9의 보수 1을 더해서 계산합니다. 34+1=35

베다수학의 뺄셈에서는 양쪽의 숫자에 같은 숫자를 더해도 뺄셈한 값이 변하지 않는다는 것을 기억하면 이해하기 쉬워요.

74-39=35
| 35 | 39 |

75-40=35
| 34+1 | 39+1 |

끝자리를 0으로 만들기 위해 보수를 활용해 뺄셈한다는 것을 잘 기억하고, 좀 더 연습을 해볼까요?

$$89 - 32 = ?$$
$$89 + \square = \square$$
$$\square + \square = \square$$
$$\square - \square = \square$$

우선 89와 32 중 끝자리를 0으로 만들기 쉬운 수를 선택하세요. 여기서는 89가 좀 더 쉬운 수입니다. 89를 90으로 만들어주는 보수를 선택한 다음, 32에도 똑같은 수를 더해주세요. 그런 다음 두 수를 뺄셈하면 89-32와 같은 답이 나옵니다.

$$45 - 38 = ?$$
$$38 + \square = \square$$
$$\square + \square = \square$$
$$\square - \square = \square$$

45와 38 중 끝자리를 0으로 만들기 쉬운 수를 선택하세요. 고른 수에 보수를 더해주고, 남은 수에도 같은 수를 더하세요. 두 수를 뺄셈하면 45-38과 같은 답이 나옵니다.

위에서 보수를 주고받는 단계를 종이에 써서 계산하는 것이 아니라 암기하기 쉬운 숫자를 만들어 기억하고 최종적으로 정답을 합쳐서 답을 말할 수 있도록 꾸준히 암산 연습을 하는 것이 중요합니다!

연습문제

"계산하는 수 가운데 한쪽의 끝자리가 0이 되게 하는 보수를 양쪽 모두에 더해보세요."

1. 79-31=☐
   79+☐=80
   31+☐=☐
   80-☐=☐

4. 86-59=☐
   ☐+☐=☐
   ☐+☐=☐
   ☐-☐=☐

2. 58-39=☐
   58+☐=60
   39+☐=☐
   60-☐=☐

5. 63-49=☐
   ☐+☐=☐
   ☐+☐=☐
   ☐-☐=☐

3. 59-45=☐
   ☐+☐=☐
   ☐+☐=☐
   ☐-☐=☐

6. 152-59=☐
   ☐+☐=☐
   ☐+☐=☐
   ☐-☐=☐

정답은 210p에

7. 147-53=

8. 162-27=

9. 190-21=

10. 88-66=

11. 78-40=

12. 93-44=

13. 137-39=

14. 227-45=

15. 152-38=

16. 370-49=

17. 550-129=

18. 550-138=

19. 230-178=

20. 160-79=

베다수학의 비법 ④ 10과 100과 1000의 뺄셈

베다수학에 대해 조금씩 알아가는 느낌이 드나요? 이제 좀 더 재미있는 뺄셈 방법을 소개할게요. 10, 100, 1000, 10000과 같은 숫자의 뺄셈이에요. 언뜻 보면 쉬워보이지만 은근히 신경 쓰이는 문제들이죠? 하지만, 카레 박 아저씨와 함께 풀어보면서 비법을 깨달을 수 있을 거예요.

1000-349=?

10, 100, 1000, 10000 등의 숫자를 뺄 때는 왼쪽부터 계산합니다. 우선 맨 앞자리에서 1을 빼고 0은 9로 바꿉니다. 마지막 자리에는 10을 놓고 뺄셈을 하면 답을 쉽게 찾을 수 있게 됩니다.

즉, 10, 100, 1000은 왼쪽부터 9를 빼고 마지막 한 자리는 10을 빼면 됩니다.

$$\begin{array}{r} 1000 \\ -\ 349 \\ \hline \end{array}$$

먼저, 자릿수에 맞게 뺄셈식을 적습니다.

$$\begin{array}{r} \overset{1}{9}90 \\ -\ 349 \\ \hline 651 \end{array}$$

1000의 자리에서 1을 빼고 100의 자리와 10의 자리에 9를 넣고 마지막 자리에 10을 놓습니다.

9-3=6, 9-4=5, 10-9=1

답은 651이 됩니다.

이제 학교에서 배운 방법으로 검산해 볼까요?

학교에서는 이렇게 풀어요

```
   1000
-   349
     ¹1
     ¹6
-    7
    651
```

학교에서는 우측부터 계산합니다.
따라서 앞자리의 10을 빌려와 뺄셈을 하게 되므로 베다수학보다는 상대적으로 계산이 복잡해집니다.

자, 그러면 왼쪽부터 뺄셈을 하는 베다수학의 방법을 사용해서 다음의 뺄셈 문제들을 연습해 봅시다.

$$\begin{array}{r} 1000 \\ -36 \\ \hline \end{array} \qquad \begin{array}{r} 1000 \\ -258 \\ \hline \end{array}$$

연습문제

"10, 100, 1000 등의 숫자를 뺄 때는 왼쪽부터 계산해 보세요.
맨 앞의 1을 빼고 0은 9로 바꾼 후 일의 자리를 10으로 놓고 계산해 봅시다."

1.
```
   100
-   73
-------
```

2.
```
   100
-   69
-------
```

3.
```
  1000
-  473
-------
```

4.
```
  1000
-  768
-------
```

5.
```
  1000
-  597
-------
```

6.
```
  1000
-  846
-------
```

7.
```
 10000
-  837
-------
```

8.
```
 10000
-  475
-------
```

정답은 210p에

9.
```
   100
-   78
------
```

13.
```
  10000
-  6556
-------
```

10.
```
  1000
-  657
------
```

14.
```
  1000
-  445
------
```

11.
```
  1000
-   47
------
```

15.
```
  1000
-   57
------
```

12.
```
  1000
-  777
------
```

16.
```
   100
-   53
------
```

 ## 곱셈 쉽게 하기 ①

"뭐하세요?"

나와 윤지가 가게에 들어섰을 때 카레 박 아저씨는 한창 양파를 까고 있는 중이었어.

"홀쩍~ 와, 왔냐?"

카레 박 아저씨는 매운 양파 탓에 눈물과 콧물이 범벅이 된 얼굴을 들고 인사했어.

"꺅! 더러워~! 아저씨, 코가 잔뜩 나왔잖아욧!!"

"너무 그러지 마라. 새벽부터 양파 까느라 고생한 사람한테."

"세상에나~ 대체 양파를 몇 개나 까신 거예요?"

"글쎄. 바구니에 깐 양파를 4개씩 넣었는데. 어디 보자~! 바구니가 총 5개니까. 과연 내가 깐 양파는 모두 몇 개일까?"

"허걱! 또 기습 퀴즈?!?!"

"엄살은~ 곱셈만 할 줄 알면 금방 답이 나오는 건데."

"전 아직 곱셈에 익숙지 않다고요!"

"그럼 곱셈에 익숙해지면 되지. 뭘 그리 걱정하나. 홀쩍~ 아따! 이 양파는 유독 맵네."

덧셈이 국도라면 곱셈은 고속도로

곱셈은 '같은 수를 여러 번 더하라'는 말이야.

2×3은 2를 3번 더한다는 얘기지. 즉 2+2+2가 되는 거야. 이를테면 곱셈은 덧셈의 또 다른 이름이라고나 할까? "그냥 잘 아는 덧셈으로 풀면 되지 왜 번거롭게 곱셈까지 배워야 해?"라고 생각하는 친구들도 있을 거야. 물론 2×3과 같은 작은 수의 곱셈은 덧셈으로도 어렵지 않게 풀 수 있겠지만 수가 커지면 문제가 심각해져.

$$4 \times 5$$
$$4 \times 500$$

첫 번째 곱셈은 4+4+4+4+4 라고 쉽게 풀어쓸 수 있지만 두 번째를 풀어쓰려면 쓰다가 지치고 말걸? 또 이 정도로 여러 번 덧셈하다 보면 틀리기 십상이지. 곱셈은 이처럼 덧셈이 어렵게 돌아가는 길을 빨리 갈 수 있게 만드는 지름길이라 할 수 있어. 자, 그럼 앞에서 곱셈을 덧셈으로 풀어썼던 것을 반대로 해볼까?

5+5+5+5+5
3+3+3+3+3+3+3+3

이 식을 곱셈으로 만들면 어떻게 될까? 위의 문제는 5를 다섯 번 더하니까 5×5, 아래는 3을 여덟 번 더하니까 3×8로 나타낼 수 있지.

그렇다면 아래와 같은 문제는 어떻게 곱셈으로 바꿀 수 있는지 함께 생각해 보자고.

5+5+5+5+5+3+3+3

5를 다섯 번 더하니까 5×5, 3을 세 번 더했으니까 3×3으로 바꿔 쓸 수 있겠지? 그런 다음 덧셈으로 다시 정리하면, 5×5+3×3이 되는 거야. 그 다음엔 순서대로 더해주면 답이 나온다고. 내친 김에 끝까지 풀어볼까?

5+5+5+5+5+3+3+3
=5×5+3×3
=25+9
=34

위의 문제를 덧셈으로 계산해 봐도 곱셈으로 바꿔 써서 계산한 답 34가 나올 거야. 한 번 확인해 보라고!

만일 곱셈이 어렵게 느껴진다면 <u>먼저 덧셈을 곱셈으로 바꾸는 연습</u>을 해봐. 결국엔 곱셈이 너무나 편리하고 쉽다는 것을 깨달을 수 있을 거야.

 **응용문제**

1. 윤지는 버스 종점에서 텅 빈 100번 버스를 탔어. 버스가 정류장에 설 때마다 승객들이 6명씩 타더라고. 이 버스가 8번째 정류장에서 승객을 태웠을 때 총 승객의 합은?

2. 카레 박 아저씨 가게에 있는 냉장고는 워낙 성능이 좋아서 10분이면 얼음을 만들 수 있어. 수리는 한 번에 4개의 얼음을 만들 수 있는 얼음틀을 이용해 얼음을 만들기 시작했어. 수리는 1시간 동안 몇 개까지 얼음을 만들 수 있을까?

3. 수리가 받은 택배 박스는 정확히 정사각형이야. 한 변의 길이가 9cm라면 네 변의 길이의 합은 몇 cm 일까?

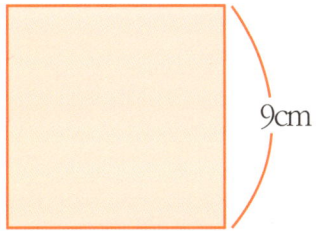

정답은 200p에

연습문제

"같은 수가 반복되는 덧셈은 곱셈을 이용해서 풀면 간단해요."

1. 7+7+7+7=

2. 4+4+7+7+7=

3. 8+8+8+8+8+8=

4. 5+5+5+8+8+6+6+6=

5. 9+9+9+9=

정답은 210p에

6. 3+3+3+3+3+3+3=

7. 4+4+4+4+5+5+5+6+6=

8. 7+7+7+5+5+6+6+6+5+7=

9. 3+3+2+2+8+8+8+8=

10. 5+5+5+9+9+9+9+8+8=

 ## 곱셈 쉽게 하기 ②

"자~ 이제 곱셈이 익숙해졌으니 본격적으로 수학 놀이를 해볼까?"

"잠깐만요! 이제 겨우 곱셈에 대해 알았는데 벌써 문제를 내시게요?"

"걱정 마시라. 쉬운 걸로 내줄테니까."

윤지가 웬일로 한숨을 내쉬었어.

"하아~ 저도 곱셈은 아직 어려운데…."

카레 박 아저씨는 윤지까지 곤란해 하는 표정을 짓자 잠시 망설이는 것 같았어. 그리곤 갑자기 요상한 냄새를 풍기는 냄비를 꺼내 오시는 거야.

"그래? 그럼 내가 이번에 새로운 카레 메뉴를 개발했는데 오늘은 이거나 맛보고 수업은 나중에 할까?"

나와 윤지는 입을 모아 외쳤어.

"당장 수업하죠!!"

"그, 그럴까?"

카레 박 아저씨는 입맛을 다시며 아까워하는 눈치였어.

"저번 덧셈 수업 때도 얘기했지만 곱셈도 같은 방법으로 적응하면 문제를 쉽게 풀 수 있어."

"어떻게요?"

"0, 10, 100, 1000으로 곱셈을 연습하는 거야!"

0, 10, 100, 1000으로 먼저 곱해 보자

0은 재미있는 수야. 3+0=3, 354+0=354, 이처럼 0으로 덧셈을 하면 아무런 변화가 없지. 근데 모든 수에 0을 곱하면 제아무리 큰 수라도 0이 다 먹어버린다고!

3×0=0
354×0=0
4567843224×0=0

계산이고 뭐고 생각할 게 없어. 곱셈에서 0은 모든 수를 제로로 만드는 마법의 수인 셈이야.

또 10이나 100, 1000을 곱하는 건 아주 쉬워.

2×10=20 ──────→ 2에 0 하나만 더 쓰면 돼.
2×100=200 ─────→ 2에 0 두 개만 더 쓰면 돼.
2×1000=2000 ───→ 2에 0 세 개만 더 쓰면 돼.

좀 더 쉽게 설명하자면 곱하는 수 10, 100, 1000의 1과 2를 바꿔치기 한다고 생각하면 되지. 곱셈에서 1은 덧셈의 0처럼 대상을 그대로 유지해 주는 친절한 수이기 때문이야.

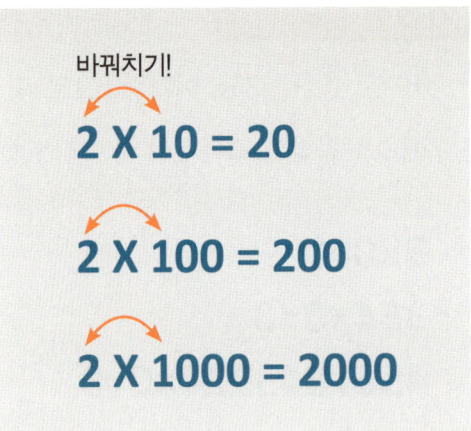

같은 원리로 다음 문제를 풀어볼까?

$$9 \times 10 =$$
$$9 \times 100 =$$
$$9 \times 1000 =$$

답이 탁탁 나오지? 정답은 각각 90, 900, 9000이야.

덧셈처럼 곱셈 역시 뒤에 0이 붙은 수들을 계산하는 것은 아주 쉽다고.

재미있는 수학이야기 ⑧

구구단의 유래

구구단은 중국에서 만들어졌고 우리나라에 유래된 것은 13세기 고려시대 무렵이다. 당시엔 구구단을 왕실 계층에서만 사용했다. 또 초기엔 9단부터, 즉 '구구 팔십일, 구팔 칠십이'하고 거꾸로 위에서부터 계산해 내려왔다고 한다. 그래서 구구단이란 이름으로 불리게 되었다.

 응용문제

1. 다음 그림은 한 변이 5cm인 정사각형을 나란히 이어붙인 거야. 굵은 선의 길이는 과연 몇 cm일까?

2. 수리는 중국집에서 짬뽕을 주문했어. 수리가 주문한 짬뽕 한 그릇엔 홍합이 4개씩 들어 있었지. 지금 중국집에서 짬뽕을 먹고 있는 손님은 모두 8명. 수리를 포함해 손님들의 짬뽕에 든 홍합을 모두 합친 후 100을 곱하면?

3. 다음과 같은 직사각형 모양의 나무판 위에 한 변의 길이가 6cm인 정사각형 모양의 타일을 붙이려고 해. 타일을 빈틈없이 겹치지 않게 이어붙인다면, 타일은 모두 몇 장이 필요할까?

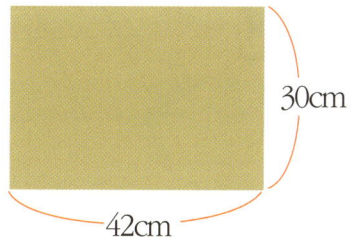

정답은 201p에

곱셈 쉽게 하기 ③

"…6×6=36, 6×7=42, 6×8…. 6…?"

난 잘 나가다 그만 6단에서 콱 막혀버리고 말았어.

"쯧쯧~ 아직 구구단도 다 못 외우다니. 윤지 넌 몇 단까지 외울 수 있니?"

윤지는 잠깐 망설이는 듯했어.

"8단이요."

카레 박 아저씨는 콧수염을 만지작거리기 시작했어. 또 뭔가를 궁리한다는 표시지. 잠시 후 카레 박 아저씨는 선이 잔뜩 그려진 종이를 우리에게 내밀었어.

"여기 빈 칸을 채워봐!"

"이게 뭔데요?"

"곱셈표야. 아는 대로 풀어봐."

"아직 구구단을 다 못 외우는데요?"

"그냥 아는 데까지 풀어봐. 풀다 보면 구구단을 쉽게 외울 수 있는 비결을 발견할 수 있어."

표를 이용해 구구단 쉽게 외우기

x	1	2	3	4	5	6	7	8	9	10
1										
2										
3										
4										
5										
6										
7										
8										
9										
10										

이 곱셈표를 보니까 골치가 지끈지끈 아파오나? 걱정 마. 처음부터 이 빈칸을 모두 채울 필요는 없어. 일단 아는 것 먼저 풀어보고 나머지는 답을 보고 채워 넣어도 돼. 어떤 식으로든지 빈칸을 모두 채우면 다음과 같이 나오지.

x	1	2	3	4	5	6	7	8	9	10
1	1	2	3	4	5	6	7	8	9	10
2	2	4	6	8	10	12	14	16	18	20
3	3	6	9	12	15	18	21	24	27	30
4	4	8	12	16	20	24	28	32	36	40
5	5	10	15	20	25	30	35	40	45	50
6	6	12	18	24	30	36	42	48	54	60
7	7	14	21	28	35	42	47	56	63	70
8	8	16	24	32	40	48	56	64	72	80
9	9	18	27	36	45	54	63	72	81	90
10	10	20	30	40	50	60	70	80	90	100

자~ 이제 빈칸을 모두 채운 곱셈표를 잘 살펴보자. 만일 네가 5단까지 알고 있다면 6단 반쯤은 마스터한 거나 다름없어. 6×5=? 이 문제를 살펴보자. 곱셈표를 보면 이 문제는 5×6이랑 같은 답을 공유한다는 것을 알 수 있어. 덧셈과 마찬가지로 곱셈 역시 순서를 바꿔도 정답은 변하지 않는다는 사실을 명심해.

6×2=   6×3=   6×4=

6단을 모른다고 이 문제를 풀지 못한다는 말은 이제 하지 마.

2×6=12 → 6×2=12
3×6=18 → 6×3=18
4×6=24 → 6×4=24

봤지? 6단을 몰라도 술술 풀리잖아. 구구단에는 이처럼 비슷한 친구들이 많아. 그러니까 미리 "나는 몇 단까지밖에 몰라." 하며 풀 죽을 필요가 없다고.

X	1	2	3	4	5
1					
2					
3					
4					
5					

다시 곱셈표로 돌아와서 처음에는 이처럼 칸이 적은 표로 연습을 하면서 조금씩 늘려봐. 어느새 넌 구구단 박사가 되어 있을 거야.

 응용문제

1. 아래 곱셈 구구표에 남은 빈칸을 채워보자.

x	1	2	3	4	5	6	7	8	9	10
1	1	2	3	4	5	6	7	8	9	10
2	2	4	6	8	10	12	14	16	18	20
3	3	6	9	12	15	18		24	27	30
4	4	8	12	16	20	24	28	32	36	40
5	5	10		20	25	30	35	40		50
6	6	12	18	24	30	36	42	48	54	60
7	7	14	21	28		42	47	56	63	70
8	8	16	24	32	40	48	56		72	80
9	9	18	27	36	45		63	72	81	90
10	10		30	40	50	60	70	80	90	100

2. 곱셈 구구표에 채운 빈칸 중에 가장 큰 수와 가장 작은 수를 곱하면?

3. 윤지네 동네 치킨 가게는 후라이드 치킨을 시키면 한 봉지에 18조각, 양념 치킨을 시키면 16조각을 넣어줘. 이날 치킨 가게는 후라이드 치킨을 7봉지, 양념 치킨을 9봉지 팔았어. 가게에서 팔린 치킨 조각의 총 개수는?

정답은 202p에

 ## 곱셈 쉽게 하기 ④

"너흰 곱셈에서 어떤 게 가장 어렵니?"

맛없는 카레를 억지로 먹고 있는 나와 윤지에게 카레 박 아저씨가 물었어. 윤지는 '때는 이때다' 하고 자연스럽게 수저를 놓고 입을 닦으며 말했어.

"아무래도 한 자리 수보단 두 자리 수가 어렵죠. 이를테면 19나 21을 곱하는 거요."

나도 얼른 수저를 놓으며 거들었어.

"전 다 어려워요."

"그래. 역시 그렇… 아니 왜 음식을 남기는 거야? 마저 먹으라고!"

"히잉~!!"

나와 윤지는 울상을 지으며 다시 수저를 들었어.

"큰 수를 곱할 때는 아무래도 힘들기 마련이지. 하지만 이것 역시 쉽게 풀 수 있는 비법이 있어."

"그게 뭔데요?"

"큰 수를 직접 곱하는 대신 그 수에 가까우면서 계산하기 쉬운 수를 이용하는 거야!"

4장_밥 먹듯 곱셈 풀기

가깝고 쉬운 수를 이용하자

$$10 \times 12 =$$
$$10 \times 21 =$$
$$10 \times 39 =$$

이 문제들을 바로 계산하려면 아무래도 좀 어렵지. 하지만 12, 21, 39 이 수들에 가까우면서 계산하기 쉬운 수를 찾아 풀면 어떨까?

12에 가까우면서 계산하기 쉬운 수는 10,
21에 가까우면서 계산하기 쉬운 수는 20,
39에 가까우면서 계산하기 쉬운 수는 40이야.

10×12는 가깝고 쉬운 수인 10을 이용해서 $10 \times 10 = 100$을 먼저 풀고 남은 2 역시 $10 \times 2 = 20$으로 풀어주면 돼. 이제 100과 20을 더하면 120이 되겠지? $10 \times 12 = 120$이라는 답은 이런 식으로 쉽게 얻을 수 있어. 결국 <u>어려운 녀석들을 따로 떼어내서 계산한 후에 서로 더하면</u> 정답이 마술처럼 등장한다는 얘기란다.

$$10 \times 12 = ?$$
$$10 \times 10 = 100$$
$$10 \times 2 = 20$$
$$100 + 20 = 120$$

그럼 다음 문제를 간단하게 풀어볼까?

$$10×21=?$$
$$10×20=200,$$
$$10×1=10$$
$$200+10=210=10×21$$

어때? 어려운 걸 쉬운 수로 바꿔서 계산하니까 기분이 좋아지지 않니? 이처럼 곱셈에서도 덧셈을 적절히 이용하면 문제를 쉽게 풀 수 있어. 항상 공식을 간단하고 쉽게 만드는 습관을 들이면 좋단다.

$$10×39=?$$

이 문제는 좀 더 생각을 해서 풀어야 해. 무슨 얘기냐면 여기선 뺄셈을 이용해야 한다는 거지. 10×12, 10×21 아까 풀었던 이 두 문제는 각각 10과 20의 가까운 수를 찾기 위해 12에서 2, 21에서 1을 빼서 계산했었지. 잠시 뺀 걸 채워야 했기 때문에 따로 계산했던 것을 더해 정답이 되었던 거야.

하지만 39에게 가까운 수는 40이야. 40을 만들기 위해 1을 더했다는 것을 절대 잊어선 안 돼. 나중에 더한 만큼 빼야만 올바른 답을 얻을 수 있거든.

일단 10×40=400을 풀고 40을 만들기 위해 더해 주었던 1을 10×1=10으로 계산해. 아까 같은 경우라면 400+10=410 이렇게 구하겠지만 이건 반대라는 것을 명심해. 이 문제의 정답은 400-10(더해준 수 1에다 10을 곱한 수), 즉 390이 되는 거야.

다시 정리하면

**10×39=
10×40=400, 10×1=10
400-10=390=10×39**

자~ 잊지 말고 명심해야 해. 가까우면서 계산하기 쉬운 수를 얻기 위해 원래 수보다 적은 수로 계산했다면 각각 푼 답을 합쳐야 하고, 가까우면서 계산하기 쉬운 수를 얻기 위해 원래 수보다 큰 수로 계산했다면 각각 푼 답에서 뺄셈을 해야 한다는 거.

예) 23을 가까운 수 20으로 계산했다면 뺀 3만큼 덧셈으로 답을 구하라!

**50×23=
50×20=1000, 50×3=150
1000+150=1150=50×23**

17을 가까운 수 20으로 계산했다면 더한 3만큼 뺄셈으로 답을 구하라!

**50×17=
50×20=1000, 50×3=150
1000-150=850=50×17**

 응용문제

1. 다음 6장의 카드 중에 합이 8이 되는 카드를 모두 고른 후 곱셈을 했을 때, 두 수의 곱이 가장 큰 수와 가장 적은 수를 찾아서 곱해볼까?

[1] [2] [5] [3] [7] [6]

2. 4장의 숫자 카드 중 수리는 2장의 카드를 곱해서 가장 적은 곱을 구했고 윤지는 둘째로 적은 곱을 구했어. 수리가 구한 곱이 15일 때, 수리와 윤지가 구한 두 곱의 합은 얼마일까?

[6] [3] [7] [?]

3. 수리와 민지는 동물원에서 가장 인기 있는 돌고래쇼를 보러 갔어. 공연장에는 의자가 한 줄에 8개씩, 총 38줄이 있었어. 이 공연장은 최대 몇 명이 앉아서 볼 수 있을까?

4장_밥 먹듯 곱셈 풀기

풀이용 메모란

재미있는 수학이야기 ⑨

교환법칙

덧셈과 곱셈에서 성립하는 법칙으로 두 수를 더하거나 곱하는 순서를 바꾸어도 그 결과는 같다는 것을 말해주는 법칙이다.

덧셈에 대한 교환법칙:
두수 a, b에 대하여
$$a+b=b+a$$

곱셈에 대한 교환법칙:
두수 a, b에 대하여
$$a\times b=b\times a$$

연습문제

"큰 수를 직접 곱하는 것보다 그 수에 가까우면서 계산하기 쉬운 수를 이용해 보세요~"

1. 10×17=

2. 12×20=

3. 16×30=

4. 27×10=

5. 25×10=

6. 35×10=

7. 70×16=

8. 47×50=

9. 80×19=

10. 45×30=

정답은 211p에

11. 10×37=

12. 100×27=

13. 120×27=

14. 120×37=

15. 150×16=

16. 200×17=

17. 200×18=

18. 47×500=

19. 53×300=

20. 33×400=

 **베다수학의 비법⑤** 9, 99, 999, 9999를 곱할땐 뺄셈으로 푼다

여러분의 수학 실력이 일취월장하는군요! 그렇다면 조금 어려운 곱셈을 베다수학의 비법을 사용해서 풀어볼까요? 지금까지 곱셈을 잘 연습했다면 그리 어렵지 않을 거예요. 이제부터 이 카레 박 아저씨가 가르쳐줄 베다수학의 비법도 잘 따라올 수 있을지…, 좀 걱정되지만, 여러분을 믿을게요!

9, 99, 999, 9999가 들어가는 곱셈 문제를 풀어봅시다.

99×18=?

베다수학에서는 9가 연속하여 들어가는 곱셈에 곱할 숫자가 적을 경우 뺄셈으로 아주 쉽게 풀 수 있습니다. 무슨 소리냐구요? 아저씨의 설명을 잘 들어보세요. 9가 들어가는 기적 같은 숫자의 마법을 알려줄게요. 바로 곱셈할 숫자에서 1을 뺀 다음 그 수를 9가 연속적으로 들어가는 곱셈할 숫자에서 빼서 뒤로 붙여주는 거예요.

```
❶    99
    × 18
   18-1=17

❷    99
    × 18
   99-17=82

❸    99
    × 18
      17
      82
    1782
```

❶ 99가 들어가는 경우 곱셈할 숫자에서 1을 뺍니다.
18-1을 하여 17을 만듭니다.

❷ 99에서 17를 뺍니다.
99-17=82

❸ 자리 위치로 배치하면
17 82=1782가 됩니다.

도형으로 풀어보는 '99' 곱셈의 원리

99와 같이 연속되는 숫자의 곱셈에는 숫자 1을 더해 사각형 2개로 만들 수 있으며 100×26=2600, 1×26=26으로 먼저 계산합니다. 사각형 두 개 전체 값에서 1을 더해 만든 작은 사각형의 값을 빼면 99×26의 답을 쉽게 구할 수 있습니다.

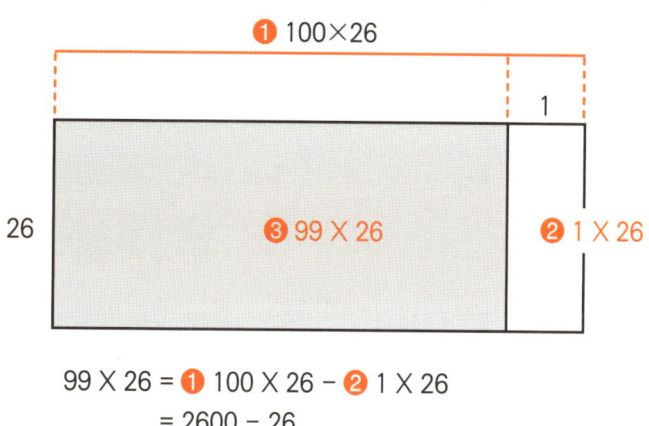

99 × 26 = ❶ 100 × 26 − ❷ 1 × 26
       = 2600 − 26
       = ❸ 2574

재미있는 수학이야기 ⑩

세종대왕은 수학 마니아!

한글을 고안한 세종대왕은 평소 수학에 많은 흥미를 느껴 당시 부제학이었던 정인지에게 따로 수학을 배웠다는 기록이 남아 있다. 세종대왕은 관리들에게 수학을 배우게 하고 수학 연구를 위해 중국에 관리들을 유학시키는가 하면 중국의 수학책을 들여오거나 수학과 관련된 새로운 관직을 마련하기도 했다. 게다가 재능만 있으면 신분과 상관없이 관직에 등용하기도 했는데 조선 최고의 과학자인 장영실도 그중 하나였다.

연습문제

"9가 들어가는 숫자의 기적 같은 마법, 잊지 않았죠?"

1.
```
    99
×   17
─────
```

2.
```
    99
×   13
─────
```

3.
```
    99
×   26
─────
```

4.
```
    99
×   37
─────
```

5.
```
    99
×   32
─────
```

6.
```
    99
×   26
─────
```

7.
```
    99
×   63
─────
```

8.
```
    99
×   98
─────
```

정답은 211p에

9.
```
    99
×   90
------
```

13.
```
   999
×   18
------
```

10.
```
    99
×   44
------
```

14.
```
   999
×   24
------
```

11.
```
    99
×   59
------
```

15.
```
   999
×   88
------
```

12.
```
    99
×   55
------
```

16.
```
   999
×   99
------
```

 **베다수학의 비법 ⑥ 5단 이상은 크로스 계산법으로**

6×7=?

베다수학에서는 5단까지 외우면 나머지 구구단을 쉽게 계산할 수 있어요. 필산으로 계산하는 크로스(Cross) 계산법은 베다수학에서 가장 중요한 계산법으로 이 방법을 사용하여 거의 모든 곱셈을 쉽게 풀 수 있습니다. 5단 이상의 구구단은 먼저 곱할 수의 보수를 만들고 세로로 곱셈한 후 크로스로 뺄셈 계산을 하면 됩니다. 무슨 소리냐구요?

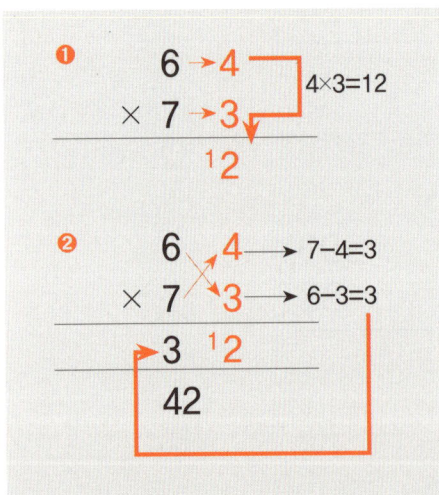

❶ 6의 보수 4와 7의 보수 3을 옆에 써놓고 두 수를 곱셈합니다. 4×3=12

❷ 곱셈할 수에서 각각 대각선에 있는 보수를 뺍니다. 7-4=3, 6-3=3으로 각각 3이 남고 이 수를 십의 자리에 씁니다.

앞서 계산한 12를 올림하면 42가 됩니다.

베다수학에는 위치적 계산법의 개념이 있어요. 자릿수에 ×10, ×100 등의 개념을 단순히 자리의 배치로 계산하게 하는 것이에요.

6×7=42를 구구단으로 외운 사람들에게는 오히려 복잡해 보일 수도 있답니다. 하지만 구구단에 나오지 않는 두 자리 이상의 수의 곱셈을 할 때에는 매우 유용하답니다.

연습문제

"베다수학의 비법 중의 비법, 크로스 계산법을 떠올려보세요!"

정답은 211p에

1.
```
    9 ☐
×   7 ☐
───────
```

4.
```
    7 ☐
×   7 ☐
───────
```

2.
```
    8 ☐
×   6 ☐
───────
```

5.
```
    8 ☐
×   8 ☐
───────
```

3.
```
    7 ☐
×   8 ☐
───────
```

베다수학의 비법 ⑦ 100에 가까운 크로스 계산법

앞에서 연습한 크로스 계산법을 이제 100에 가까운 큰 숫자의 곱셈에 적용해 볼게요.

$$\begin{array}{r} 96 \\ \times\ 94 \\ \hline \end{array}$$

이런 어려워 보이는 문제도 크로스 계산법으로 간단히 풀 수 있어요.

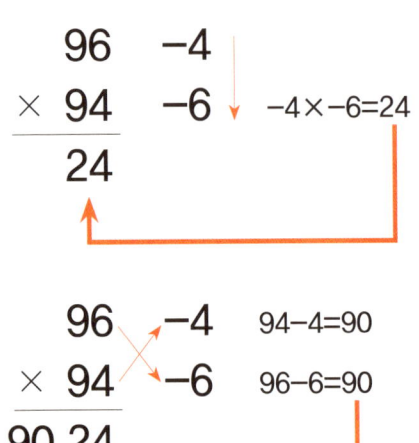

곱하려는 수가 100보다 작은 수일 때는 오른쪽에 음수(-)로 각 수의 100의 보수를 적어요. 그리고 나서 두 개의 보수를 곱해 답의 오른쪽에 적습니다.

이제 곱하려는 수의 대각선에 위치해 있는 보수를 각각 계산해서 답의 왼쪽에 적습니다. 보수가 음수였으므로 각각 뺄셈을 하면 되겠죠? 답은 9024가 됩니다.

곱하려는 수가 100보다 큰 경우에는 보수를 더해주면 된답니다.

$$\begin{array}{r} 103 \quad +3 \\ \times\ 106 \quad +6 \\ \hline 109\ \ 18 \end{array}$$

106+3=109
103+6=109

4장_밥 먹듯 곱셈 풀기

만약 곱하려는 수 가운데 하나는 100보다 크고, 하나는 100보다 작은 수라면 어떻게 할까요? 마찬가지예요. 100보다 큰 수의 보수는 더하고(+), 작은 수의 보수는 빼면(−) 되지요.

```
    101    +1
  ×  92    −8
   (−08)
```

그런데 이때 주의해야 할 것이 있어요. 바로 자릿수예요! 보수끼리 곱한 수는 한자리 수가 나오더라도 두 자리로 써줘야 하고, 양수(+)와 음수(−)를 곱하면 (−)가 되니까 −08로 적어주세요.

마지막으로 음수인 −08은 그대로 뺄셈으로 계산하면 됩니다. 08은 8과 같으므로 9300−8을 계산하면 답은 9292!

```
      101    +1   92+1=93
    ×  92    −8   101−8=93
    93(−08)
```

재미있는 수학이야기 ⑪

음수란?

0을 기준으로 오른쪽에 있는 수는 양의 부호 +를 갖고 왼쪽에 있는 수는 음의 부호 −를 갖습니다. 이 때 양의 부호가 붙은 수를 양수라고 하고 음의 부호가 붙은 수를 음수라고 합니다. 양수는 보통 + 부호를 생략한답니다.

−5 −4 −3 −2 −1 0 1 2 3 4 5
         음수   양수

또, 음수는 양수와 달리 숫자가 작을수록 크다는 걸 잊지 마세요.

1〈2〈3   −1〉−2〉−3

연습문제

"100에 가까운 수의 크로스 계산법은 100보다 큰 수와 100보다 작은 수를 구분해야 한답니다. 100의 보수를 더해서 10이 되는 경우도 주의해서 연습하세요."

1.
    98
× 95
───────

5.
    94
× 95
───────

2.
    99
× 91
───────

6.
    96
× 92
───────

3.
    93
× 97
───────

7.
   105
×   95
───────

4.
    98
× 97
───────

8.
   103
×   98
───────

정답은 211~212p에

9.
```
   107  □
×   97  □
────────
```

10.
```
   103  □
×   98  □
────────
```

11.
```
   106  □
×   94  □
────────
```

12.
```
    98  □
×  102  □
────────
```

13.
```
   101  □
×   97  □
────────
```

14.
```
   104  □
×   95  □
────────
```

15.
```
    97  □
×   95  □
────────
```

16.
```
    93  □
×  105  □
────────
```

17.
```
    99  ☐
×  103  ☐
```

18.
```
   101  ☐
×   99  ☐
```

19.
```
    99  ☐
×  102  ☐
```

20.
```
    96  ☐
×   96  ☐
```

21.
```
    96  ☐
×  106  ☐
```

22.
```
    94  ☐
×  107  ☐
```

23.
```
    93  ☐
×  101  ☐
```

24.
```
    91  ☐
×   91  ☐
```

25.
```
    93  □
×   96  □
———————
```

26.
```
    94  □
×   96  □
———————
```

27.
```
    98  □
×  108  □
———————
```

28.
```
    99  □
×   94  □
———————
```

29.
```
    99  □
×  101  □
———————
```

30.
```
    98  □
×   98  □
———————
```

31.
```
    94  □
×   99  □
———————
```

32.
```
    97  □
×   97  □
———————
```

베다수학의 비법 ⑧ 두 자리 수의 크로스 계산

28×64=?

이번에 배울 베다수학의 비법은 두 자리 수의 크로스 계산법이에요. 두 자리 수의 크로스 계산법은 베다수학의 가장 중요한 계산법으로, 이 방법을 사용하면 두 자리 수의 모든 곱셈을 아주 쉽게 풀 수가 있어요.

두 자리 수의 크로스 계산법은, 먼저 왼쪽 세로를 곱한 뒤 교차해서 곱한 수를 서로 더해줘요. 그런 다음 오른쪽 세로를 곱하면 돼요. 이렇게 각각 나온 세 수를 왼쪽, 가운데, 오른쪽으로 나눠 배치하고 자리를 넘어가는 값은 올림하면 답을 구할 수 있습니다.

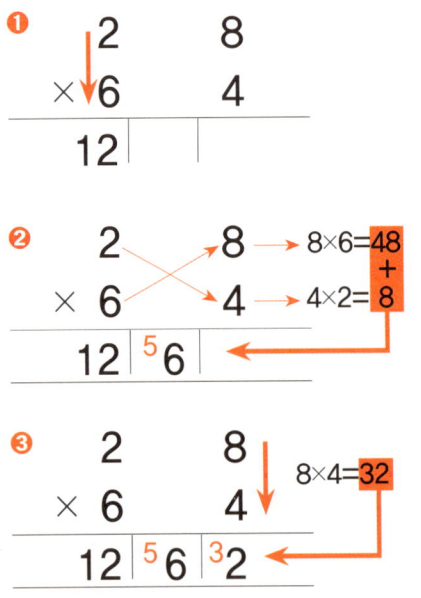

❶ 왼쪽 세로줄의 십의 자리 숫자를 곱합니다.
2×6=12

❷ 십의 자리 숫자와 일의 자리 숫자를 대각선으로 곱합니다.
그런 다음 2×4=8, 6×8=48을 더합니다.

❸ 오른쪽 세로줄의 일의 자리 숫자를 곱합니다.
8×4=32
자릿수가 넘어간 것은 왼쪽 칸에 올림하여 계산합니다.

4장_밥 먹듯 곱셈 풀기

 ## 올리는 수가 100이 넘어갈 때

76×88=?

앞 페이지 ❸번 과정에서 곱셈에 의해 10이 되는 올림값이 나올 때, 이 값을 자리별로 왼쪽 칸에 더해서 올림한다고 했죠? 그런데 올리는 수가 100이 넘어가면 어떻게 해야 할까요? 그럴 땐 자릿수 그대로 왼쪽으로 두 번째 칸까지 덧셈하여 올리면 된답니다. 다음 계산 방법을 보면서 천천히 확인해 보세요.

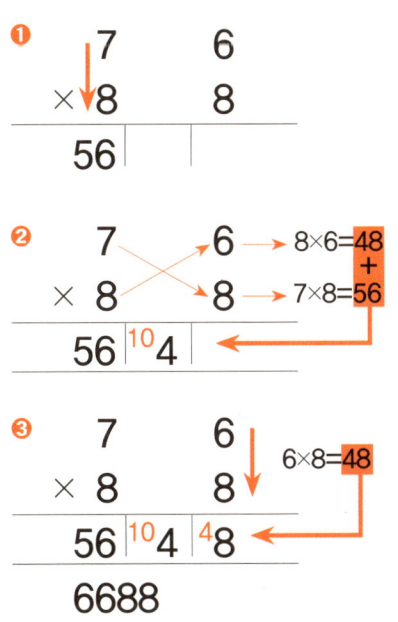

❶ 왼쪽 세로줄의 십의 자리 숫자를 곱셈합니다.

❷ 십의 자리 숫자와 일의 자리 숫자를 대각선으로 곱한 다음 두 수를 더합니다.
48+56=104

❸ 오른쪽 세로줄의 일의 자리 숫자를 곱셈합니다.

위에서 나온 104는 백단위가 넘어간 수이기 때문에 왼쪽으로 두번째 칸까지 올림해 계산하면 됩니다.

연습문제

"두 자리 수의 크로스 계산법이 잘 기억나지 않을 수도 있어요.
실망하지 말고 앞 페이지를 보면서 천천히 풀어보세요.
올리는 수가 100이 넘어갈 때는 자릿수에 주의하세요!"

1.
```
    1   8
×   4   4
─────────
```

5.
```
    4   8
×   5   7
─────────
```

2.
```
    3   4
×   1   6
─────────
```

6.
```
    8   2
×   3   1
─────────
```

3.
```
    4   9
×   2   7
─────────
```

7.
```
    6   9
×   7   1
─────────
```

4.
```
    1   6
×   4   4
─────────
```

8.
```
    8   8
×   3   1
─────────
```

정답은 212p에

9.
```
    7    3
×   3    3
―――――――――
```

13.
```
    9    2
×   1    8
―――――――――
```

10.
```
    8    2
×   4    3
―――――――――
```

14.
```
    2    6
×   3    8
―――――――――
```

11.
```
    7    7
×   6    3
―――――――――
```

15.
```
    9    9
×   6    7
―――――――――
```

12.
```
    3    3
×   4    4
―――――――――
```

16.
```
    6    9
×   7    9
―――――――――
```

베다수학의 비법 ⑨ 세 자리수의 크로스 계산법

335×217=?

두 자리 수의 크로스 계산법을 완벽하게 터득한 여러분은 이제 세 자리 수의 크로스 계산법에 도전할 차례예요. 세 자리 수의 크로스 계산법은 왼쪽 세로를 먼저 곱합니다. 그 이후엔 순서대로 대각선으로 곱해나간 뒤 덧셈하는 방식입니다. 다음의 계산 방법을 차근차근 따라해 보면 금세 이해할 수 있어요! 크로스 계산법은 계산 방법을 한번 이해하면 자릿수가 커질수록 푸는 것이 쉬워진답니다. 자 시작해 볼까요?

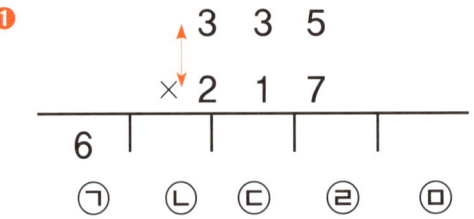

❶ 2단으로 숫자를 쓰고 5개의 공백이 들어갈 수 있게 4줄을 그려 놓습니다. 백의 자리 숫자를 서로 곱셈하여 ㉠에 기록합니다. 3×2=6

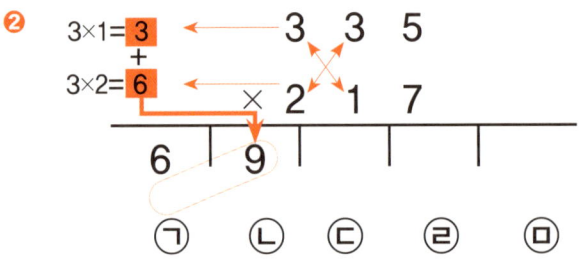

❷ 백의 자리 숫자와 대각선이 되는 십의 자리 숫자를 각각 곱하고 서로 더하여 ㉡에 기록합니다. (3×1)+(3×2)=9

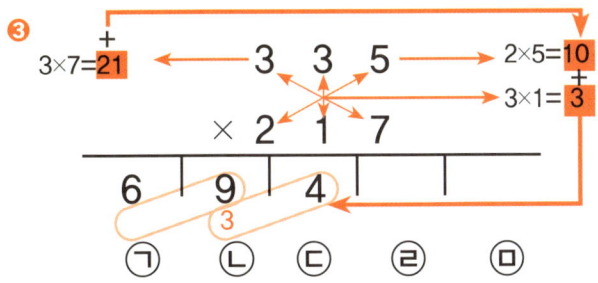

❸ 백의 자리 숫자와 일의 자리 숫자를 각각 곱하고, 가운데 십의 자리 숫자를 서로 곱한 후 두 수를 더해 ⓒ에 기록합니다. 단 자릿수가 넘치는 것은 ⓒ아래에 작게 기록합니다.
(3×7)+(3×1)+(2×5)=34

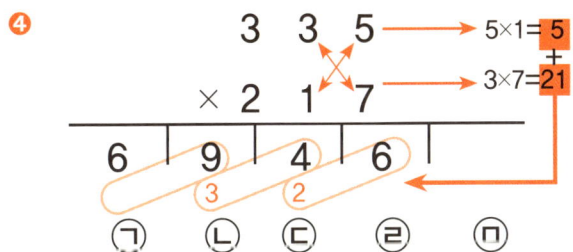

❹ 십의 자리와 일의 자리를 각각 대각선으로 곱한 후 더하여 ㉣에 기록합니다. 단 자릿수가 넘치는 것은 ⓒ 아래에 작게 기록합니다.
(3×7)+(5×1)=26

❺ 일의 자리 숫자를 서로 곱셈하고 ㉤에 기록합니다. 자릿수가 넘치는 것을 각각 덧셈하면 답을 찾을 수 있습니다.
69465+3230=72695

1.
```
    3 3 8
×   8 7 6
---------
```

2.
```
    5 2 4
×   2 3 3
---------
```

3.
```
    2 7 3
×   7 3 2
---------
```

4.
```
    4 5 2
×   3 9 8
---------
```

5.
```
    2 5 4
×   6 6 7
---------
```

6.
```
    1 8 8
×   4 3 8
---------
```

정답은 212p에

7.
```
    1 0 8
×   4 7 4
---------
```

8.
```
    6 3 8
×   5 9 8
---------
```

9.
```
    5 5 5
×   3 6 6
---------
```

10.
```
    4 0 7
×   8 3 0
---------
```

11.
```
    9 0 8
×   2 3 5
---------
```

12.
```
    2 4 1
×   1 0 1
---------
```

베다수학의 비법 ⑩ 세 자리 수와 두 자리 수의 크로스 계산법

823×24=?

이번에는 세 자리 수와 두 자리 수의 크로스 계산법이에요. 이렇게 자릿수가 다를 경우의 크로스 계산법도 세 자리 수끼리 계산하는 것과 별로 다르지 않아요. 조금만 연습하면 금세 익숙하게 계산할 수 있습니다.

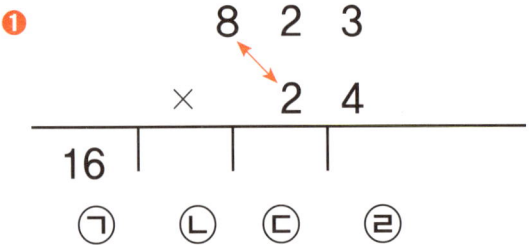

❶ 2단으로 숫자를 쓰고 4개의 공백이 들어갈 수 있게 3줄을 그려 놓습니다. 백의 자리 숫자와 아래 십의 자리 숫자를 곱셈하여 ㉠에 기록합니다. 8×2=16

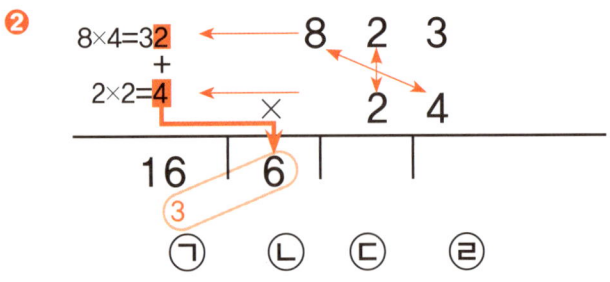

❷ 백의 자리 숫자와 대각선이 되는 일의 자리 숫자를 곱하고 십의 자리 숫자끼리 곱한 후 두 수를 덧셈하여 ㉡에 기록합니다. 단 자릿수가 넘치는 것은 ㉠ 아래에 작게 기록합니다.
(8×4)+(2×2)=36

❸

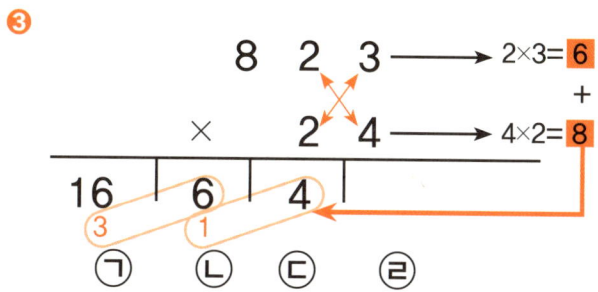

❸ 십의 자리와 일의 자리 숫자를 각각 대각선으로 곱한 후 덧셈하여 ㉢에 기록합니다. 단 자릿수가 넘치는 것은 ㉡ 아래에 작게 기록합니다. (2×3)+(4×2)=14

❹

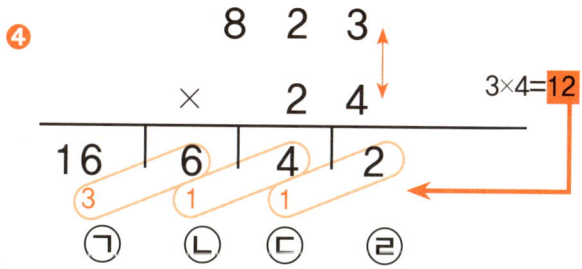

❹ 일의 자리 숫자끼리 곱하여 ㉣에 기록합니다. 단 자릿수가 넘치는 것은 ㉢ 아래에 작게 기록합니다. 3×4=12

❺

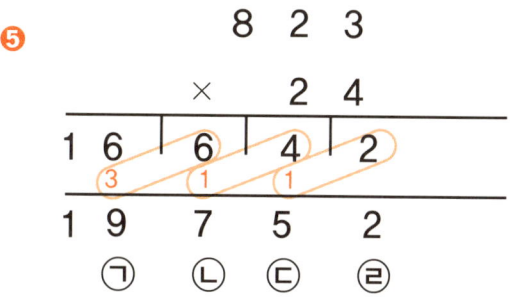

❺ 칸으로 나누어진 숫자를 서로 덧셈하면 답을 찾을 수 있습니다.
16642+3110=19752

연습문제

"세 자리 수와 두 자리 수의 크로스 계산법도 세 자리 수의 크로스 계산법과 별로 다르지 않답니다! 순서를 기억하면서 연습해 보세요."

1.
```
    6 2 0
×     4 1
─────────
```

2.
```
    4 6 1
×     2 3
─────────
```

3.
```
    7 5 2
×     4 8
─────────
```

4.
```
    9 0 2
×     2 9
─────────
```

5.
```
    6 3 8
×     2 7
─────────
```

6.
```
    8 1 8
×     8 5
─────────
```

정답은 212p에

7.
```
    5 0 2
×     7 4
---------
```

10.
```
    7 6 5
×     4 4
---------
```

8.
```
    4 3 7
×     8 9
---------
```

11.
```
    7 3 2
×     8 8
---------
```

9.
```
    2 5 8
×     8 2
---------
```

12.
```
    5 0 0
×     9 3
---------
```

147

5장 웃으면서 나눗셈 풀기

 ## 나눗셈 쉽게 하기 ①

"얼마 전에 선물로 초코바가 한 상자 들어왔는데 좀 나눠줄까?"

"네에~!"

윤지와 난 약속이나 한 듯이 입을 모아 대답했어.

"어디 보자…."

카레 박 아저씨는 박스에서 초코바를 꺼내 늘어놓기 시작했어.

"하나, 둘, 셋, …, 스물 넷! 한 상자에 24개가 들어 있네. 이걸 공평하게 나누면 내가 10개, 수리가 7개, 윤지가 7개 되겠군."

당연히 나와 윤지는 발끈했지.

"어째서 계산이 그렇게 돼욧? 공평하게 3으로 나눠야죠!"

그러자 카레 박 아저씨는 기다렸다는 듯이 초코바 상자를 내밀며 물었어.

"그래? 그럼 너희가 아주 공평~ 하게 나눠보렴."

"너무해요! 우린 아직 나눗셈을 배우지도 않았다고요!"

"곱셈은 할 줄 알잖아. 그럼 이미 나눗셈을 배운 거나 마찬가지라고."

곱셈을 지배하는 자가 나눗셈을 정복한다

나눗셈은 곱셈을 반대로 계산하는 거라고 생각하면 돼. 18÷2=9라는 계산식은 2×9=18과 같다는 얘기야. 즉 이 말은 곱셈을 잘하는 사람은 나눗셈도 잘할 수밖에 없다는 얘기지.

여기 초코바가 24개 있어.

이 초코바를 8개씩 묶으면 3묶음이 나오게 돼. 즉 3명이서 공평하게 나누려면 8개씩 묶어야 한다는 말과 같은 얘기야.

이것을 24÷3=8이라는 계산식으로 만들 수 있지. 여기서 <u>8은 24를 3으로 나눈 몫</u>이라고 해.

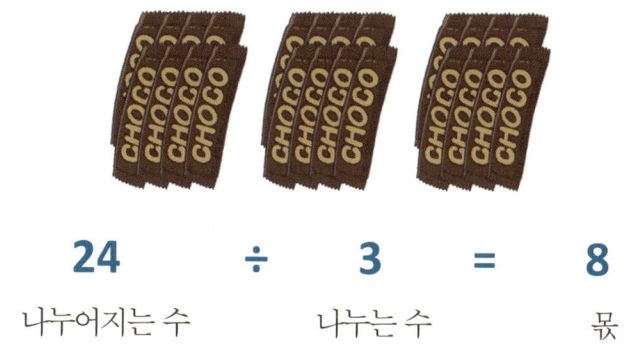

24	÷	3	=	8
나누어지는 수		나누는 수		몫

$$3 \times \begin{array}{l} 1 \\ 2 \\ 3 \\ 4 \\ 5 \\ 6 \\ 7 \\ 8 \end{array} = \begin{array}{l} 3 \\ 6 \\ 9 \\ 12 \\ 15 \\ 18 \\ 21 \\ 24 \end{array}$$

$24 \div 3 = 8$

24÷3의 몫을 구할 때는 곱셈구구 3단에서 곱이 24인 것을 찾는다.

이렇게 풀어쓰다 보니 재미있는 사실을 하나 발견할 수 있게 되었을 거야.

$3 \times 8 = 24$ ⟶ $24 \div 3 = 8$
⟶ $24 \div 8 = 3$

두 수를 곱하면 전체가 되고, 전체를 하나의 수로 나누면 다른 수는 몫이 된다는 거지. 나눗셈은 바로 이 몫을 구하는 게 핵심이야.

다음 문제를 통해 다시 확인해 볼까?

$5 \times 4 = 20$ ⟶ $20 \div 5 = 4$
⟶ $20 \div 4 = 5$

$8 \times 9 = 72$ ⟶ $72 \div 8 = 9$
⟶ $72 \div 9 = 8$

이런 문제들을 통해 우린 다음과 같은 나눗셈의 원리를 알 수가 있어.

$$\bigcirc \times \triangle = \square \longrightarrow \square \div \bigcirc = \triangle$$
$$\longrightarrow \square \div \triangle = \bigcirc$$

처음에 언급했던 곱셈을 잘하면 나눗셈도 잘할 수 있다는 얘기가 이제 이해되었을 거야.

나눗셈을 잘하려면 앞의 설명처럼 곱셈식에서 나누는 수와 나누어지는 수를 찾아서 나눗셈을 할 수 있도록 연습하는 게 좋아.

재미있는 수학이야기 ⑫

다비드의 별

고대 그리스의 수학자 피타고라스는 만물은 수로 이루어져 있으며 그 기본 요소는 1이라고 생각했다. 여성의 수 2와 남성의 수 3이 결합한 수인 5는 인간을 나타내는 수로 조화와 정의를 상징하기도 했다. 또한 여성의 수 2와 남성의 수 3을 곱한 6은 사랑과 결혼을 상징하는 수이다.

6을 상징하는 별(다비드의 별)은 그림과 같이 두 정삼각형을 결합하여 얻어진다. 정삼각형 A는 땅, 고요함, 평화를 표현하며 여성을 상징하고 정삼각형 B는 하늘, 움직임, 용맹을 표현하며 남성을 상징한다. 다비드의 별은 바로 사랑, 결혼, 우주를 표현하는 것으로 완전함의 상징이었다.

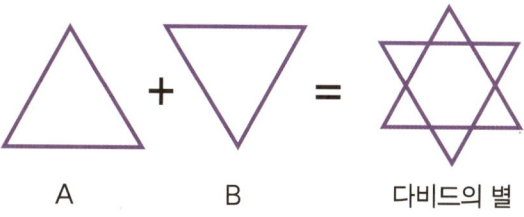

A   B   다비드의 별

 응용문제

1. 수리는 학교 매점에서 사탕을 33개 사서 친한 친구들에게 3개씩 나눠주었어. 수리에게 사탕을 받은 친구들은 모두 몇 명일까?

2. 다음 빈칸에 알맞은 답을 넣어보자.

6×①□=48 ⟶ 48÷②□=8
⟶ ③□÷8=6

3. 다음 빈칸에 알맞은 답을 넣어보자.

①□×7=84 ⟶ ②□÷12=7
⟶ 84÷7=③□

정답은 204p에

풀이용 메모란

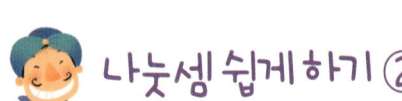
나눗셈 쉽게 하기 ②

오늘도 카레 박 아저씨는 주방에서 땀을 뻘뻘 흘리며 신메뉴 개발에 여념이 없었어.

"윤지야. 카레 박 아저씨는 요리에 소질이 없는 게 아닐까? 저렇게 열심히 연구하는데 죄다 맛이 별로잖아."

"그러게. 차라리 수학 학원을 차리는 게 나을 텐데."

"욘석들! 날 무시하는 게냐? 이거 먹어봐. 치킨카레 덮밥이다!"

카레 박 아저씨는 신메뉴를 자신 있게 우리 앞에 내놨어. 윤지와 난 서로의 눈치를 보며 한 입 먹었지.

"오잉~ 마, 맛있다!!"

"움하핫! 거봐! 노력하면 안 되는 일이 없다니깐! 너희가 힘들어하는 나눗셈도 나처럼 계속 파고들면 정복할 수 있다고!"

그러자 윤지는 풀이 죽은 목소리로 말했어.

"하지만 나눗셈은 여전히 어려워요."

"내가 말했지! 곱셈을 잘하면 나눗셈도 잘할 수 있다고! 역연산으로 연습을 하면 좀 더 쉬워질 거야!"

나눗셈은 곱셈의 형제다

덧셈과 뺄셈이 서로 역연산(역산)의 관계에 있다는 건 이미 알고 있을 거야. 역연산은 계산한 결과를, '계산을 하기 전의 수 또는 식으로 되돌아가게 하는 계산'을 말해. 즉, 원래의 수로 돌아가게 하는 계산이란 얘기지. 예를 들어 어떤 수에 1을 더하고 1을 빼면 같은 수가 나온다는 식으로 이해하면 돼.

$$3+1-1=3$$
$$31+1-1=31$$
$$456+1-1=456$$

마찬가지로 곱하기의 역연산은 나누기야.

$$3\times3\div3=3$$
$$31\times3\div3=31$$
$$456\times3\div3=456$$

나눗셈을 계산할 때는 곱셈과 나눗셈이 서로 역연산 관계에 있다는 것을 생각하고 곱셈으로 몫을 구하면 한결 쉬워지겠지?

$$30\div6=\boxed{} \longleftrightarrow 6\times\boxed{5}=30$$

6의 단 곱셈구구

나눗셈 문제에서 어떤 수를 구하는 문제는 위와 같이 역연산 관계를 이용해야 해결할 수 있어.

$$□÷8=3 → 8×3=□$$
$$□÷5=9 → 5×9=□$$

빈칸에 들어갈 답은 과연 뭘까? 나눗셈의 역연산인 곱셈으로 계산하면 쉽게 답을 찾을 수 있을거야.

$$\boxed{24}÷8=3 → 8×3=\boxed{24}$$
$$\boxed{45}÷5=9 → 5×9=\boxed{45}$$

어때? 곱셈으로 푸니까 저절로 나눗셈 답이 해결되지? 내가 뭐랬어. 나눗셈은 곱셈만 알면 식은 죽 먹기라는 말씀!

 응용문제

1. ☐ 안에 공통으로 들어갈 수를 구해보자.

$$99 \div \square = 33 \longrightarrow 33 \times \square = 99$$

2. 수리가 구입한 초코칩 쿠키 상자에는 쿠키가 30개 들어 있었어. 수리가 쿠키를 5명의 친구와 공평하게 나눠 먹으려면 몇 개씩 줘야 할까?

3. 카레 박 아저씨는 쌀 63kg을 7kg씩 봉지에 나누어 담으려고 해. 모두 몇 장의 봉지가 필요할까?

정답은 205p에

연습문제

"곱셈과 나눗셈의 관계를 잘 떠올리면서 연습해 보세요."

1. 15÷5=

2. 25÷5=

3. 35÷5=

4. 48÷6=

5. 63÷7=

6. 32÷4=

7. 36÷6=

8. 45÷9=

9. 18÷9=

10. 30÷6=

11. 56÷7=

12. 48÷6=

13. 24÷8=

14. 18÷3=

15. 27÷9=

16. 16÷4=

17. 81÷9=

18. 72÷8=

19. 63÷7=

20. 28÷4=

정답은 212p에

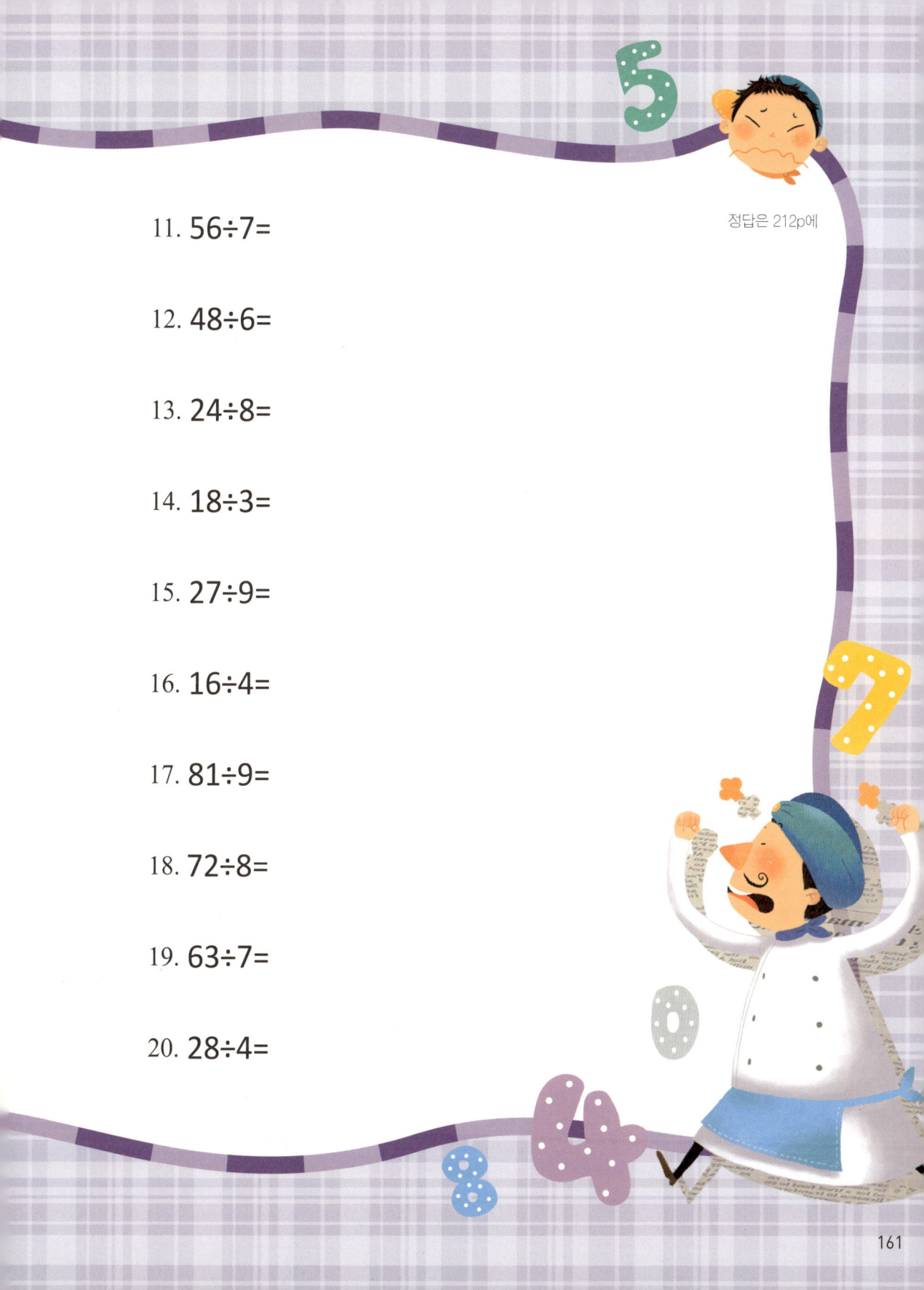

나눗셈 쉽게 하기 ③

"쯧쯧쯧~"

카레 박 아저씨는 시험지를 채점하며 혀를 찼어.

"윤지는 10문제 중에 7개를 맞췄는데 한수리 넌 고작 4개 맞췄어. 맨날 윤지에게 지고 창피하지도 않아?"

"한 자리 수 나눗셈은 좀 풀겠는데 두 자리 수 나눗셈은 아직 어려운 걸 어떡해요!"

"쯧쯧쯧~ 지금껏 뭘 배운 거냐? 덧셈, 뺄셈, 그리고 곱셈에서도 계속 가르쳐줬던 요령~! 정말 생각 안 나?"

난 곰곰이 생각했어. '이미 배웠던 요령이라고? 그게 뭘까?'

카레 박 아저씨는 갑자기 내게 국자를 넘겼어.

"됐다. 수학 공부는 그만하고 차라리 내게 요리나 배워라. 그게 더 현명한 길일지도…."

"너무해욧! 자라나는 어린 꿈나무에게 용기와 격려를 주진 못할 망정! 게다가 요리를 배워도 아저씨에겐 안 배운다고욧!"

"큭큭~ 자존심은 있어가지고. 윤지 너도 생각나는 거 없니?"

"쉬운 수를 이용하라는 거 아닌가요?"

"빙고!! 정답이야!"

끝자리가 0인 수의 나눗셈은 무조건 0을 지워라

30×9보단 3×9가 더 쉬운 것처럼 나눗셈 역시 같은 요령으로 풀 수가 있어.

$$40 \div 2 = ?$$

이정도 문제는 바로 풀 수도 있지만 다음과 같이 바꿔서 풀어보자.

$$4\cancel{0} \div 2 = 2\cancel{0} \qquad 2\overline{)4}^{\,2} \longrightarrow 2\overline{)40}^{\,20}$$

일의 자리 0을 지워 4÷2로 만든 후 답을 구하는 거야. 그 다음에 지웠던 0을 몫에 다시 붙이면 정답을 얻을 수 있어.

아래 문제들도 같은 요령으로 처리하면 쉽게 풀 수 있을 거야.

1) $200 \div 5 = ?$
2) $2000 \div 50 = ?$
3) $35000 \div 500 = ?$

1)번 문제는 우선 200의 끝자리에 있는 0을 떼고 20÷5로 바꾼 후 계산하면 20÷5=4라는 답을 쉽게 구할 수 있어. 그 다음엔 몫 4에 떼놓았던 0을 다시 붙여주면 최종 답을 얻을 수 있지.

정답은 200÷5=40.

2)번 문제는 2000과 50 각각 끝자리에 있는 0을 하나씩 떼고 200÷5로 바꾼 후 계산하면 돼. 200÷5=40이라는 답이 바로 나오지.

여기서 중요한 점! 다시 0을 갖다 붙여야 했던 1)번 문제와 달리 여기서는 40이 최종 답이라는 거야. 왜냐하면 1)번 문제에선 나누어지는 수에서만 0을 뗐지만 2)번 문제에선 나누어지는 수는 물론 나누는 수까지 공평하게 0을 하나씩 뗐기 때문에 더 줄 것도 뺄 것도 없다는 얘기지.

3)번 문제는 0을 하나씩 지워 3500÷50으로 계산해도 되고, 0을 두 개씩 지운 후 350÷5를 계산해도 돼.

여기서 알아둬야 할 건 나누는 수의 0 개수만큼 나누어지는 수의 0을 뗄 수가 있다는 점이야. 그럼 기왕이면 적은 수로 만들어 푸는 게 쉽겠지? 만 단위는 천 단위로, 천 단위는 백 단위로, 백 단위는 십 단위로 바꿔 푸는 게 훨씬 편하고 간단하잖아. 그러므로 0을 각각 두 개씩 떼면, 350÷5의 답은 70이야. 이것 역시 2)번 문제와 마찬가지로 나누어지는 수 35000과 나누는 수 500에서 공평하게 0을 두 개씩 뗐으니 70을 그대로 정답으로 쓰면 돼.

즉 35000÷500=70이야.

물론 이 방법은 나머지가 남지 않고 일, 혹은 십, 백의 자리에 0이 있을 때만 가능한 요령이야. 부지런히 연습하면 한눈에 0을 얼마만큼 떼야 할지 익숙해질 거야.

응용문제

1. 윤지가 빈 병을 상자에 담으려 하고 있어. 주스병 81개를 한 상자에 9개씩 담고, 사이다병 56개는 한 상자에 7개씩 각각 담을 때, 상자는 모두 몇 개 필요할까?

2. 일주일에 14분씩 늦게 가는 시계가 있어. 그렇다면 이 시계는 하루에 몇 분씩 늦게 가는 셈일까?

3. 카레 박 아저씨가 간장 84리터를 12개의 통에 똑같이 담았어. 통 한 개에 몇 리터씩 담겼을까?

정답은 206p에

나눗셈 기호는 분수에서 나왔다

나눗셈 기호는 원래 분수에서 비롯된 것인데 분수는 분자를 분모로 나눈다는 나눗셈을 표현하고, 이것을 그대로 기호로 모양이 바꾼 게 바로 '÷' 기호가 된 것이다. 나눗셈 기호는 우리나라 외에 미국, 영국, 일본에서 사용하고 있고 다른 나라에서는 나눗셈 기호 대신 분수로 나타내고 있다.

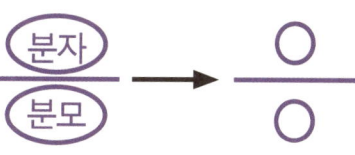

연습문제

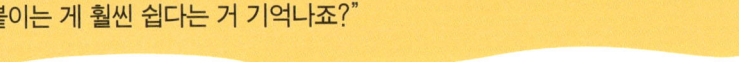

"00, 000, 0000 등으로 끝나는 수들은 필요한 만큼 0을 줄여서 계산한 뒤 다시 0을 붙이는 게 훨씬 쉽다는 거 기억나죠?"

1. 100÷5=

2. 200÷5=

3. 350÷5=

4. 240÷6=

5. 800÷4=

6. 300÷3=

7. 300÷10=

8. 400÷100=

9. 630÷9=

10. 350÷7=

11. 7200÷8=

12. 8100÷9=

13. 2400÷6=

14. 360÷6=

15. 540÷9=

16. 4800÷80=

17. 5600÷70=

18. 4900÷7=

19. 1800÷2=

20. 6000÷2=

정답은 212~213p에

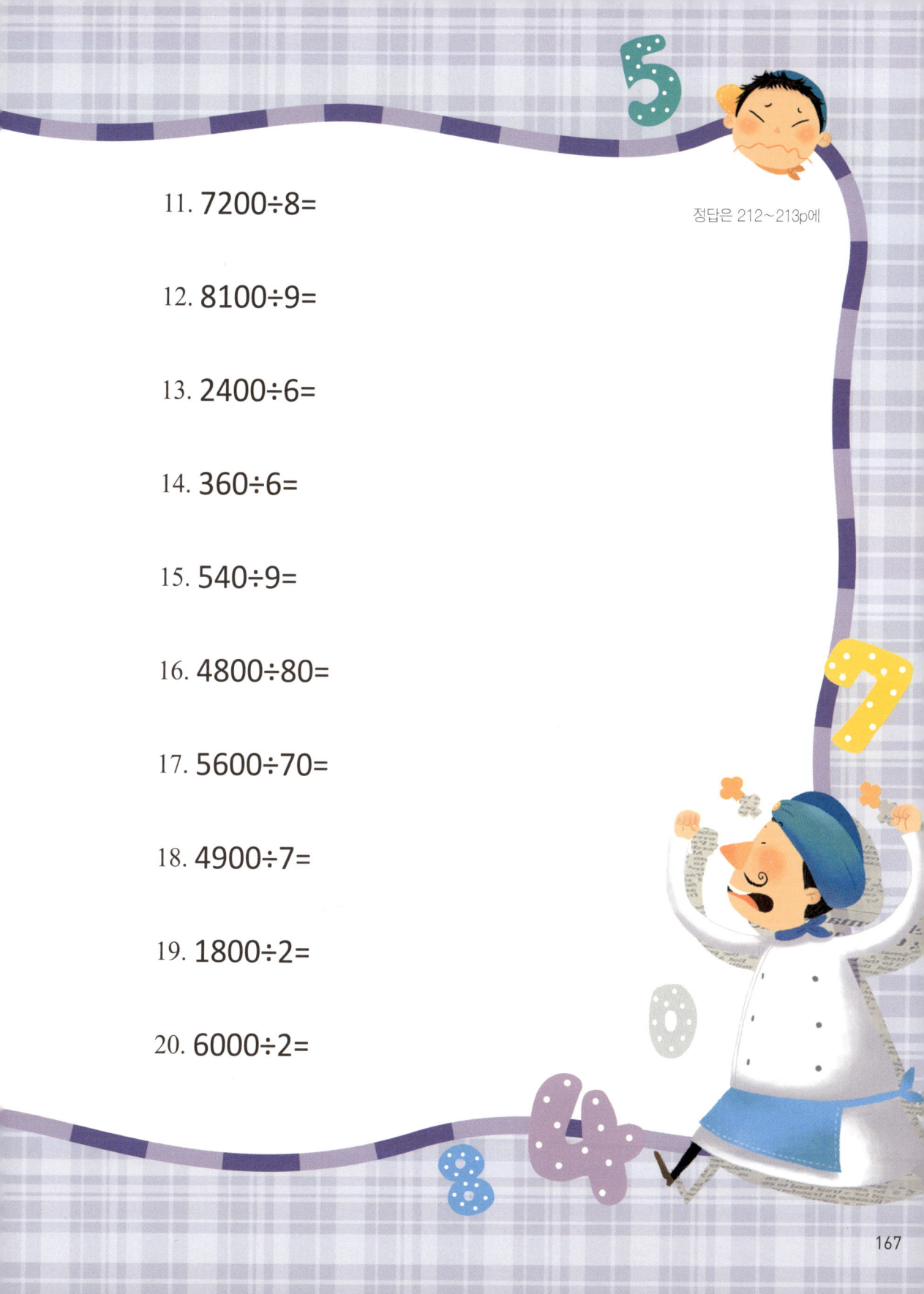

나눗셈 쉽게 하기 ④

"경기 시작합니다!!"

나는 시험지를 들고 문제를 풀기 시작했지. 카레 박 아저씨도 가스불을 켜고 카레 요리를 시작했어.

30 분 후.

난 의기양양하게 답안지를 내밀며 말했어.

"움하핫! 난 이미 10분 전에 문제를 다 풀었다고요!"

"빨리 풀기만 하면 뭐해! 정답을 맞혀야지!"

카레 박 아저씨는 김이 모락모락 나는 카레밥을 식탁에 올려놓으며 퉁명스럽게 말했어.

"자~ 이제 심사를 해볼게요!"

윤지는 수저를 들고 카레요리를 먹기 시작했어.

"와~ 맛있다! 아저씨 이거 진짜 맛있어요!!"

"흐흐흐~ 이제 난 요리는 못하고 수학만 잘하는 이상한 카레 요리사가 아니라는 말씀."

"쳇~! 내 답안지도 빨리 채점해 봐!"

윤지는 내 답안지와 정답지를 번갈아보며 채점을 하기 시작했어.

"딱 절반만 맞췄네."

"뭐?! 그럴 리가 없는데….."

"멍청이! 시간이 남았으면 검산을 했어야지! 나눗셈의 완성은 검산이라고!"

검산을 적극 활용하면 나눗셈에 대한 자신감을 얻을 수 있다!

검산이란 영어로 check라고 하지. 즉 자기가 푼 문제가 맞는지 틀리는지 확인한다는 얘기라고. 뺄셈과 나눗셈은 풀고 난 뒤 검산을 통해 답이 정답인지 오답인지를 알 수 있어.

아래 두 개의 문제를 푼 답이 정답인지 알아보는 방법, 즉 검산은 간단해. 빼기는 더하고(20+37), 나눗셈은 곱하면(20×4) 되는 거야.

$$57-20=37 \rightarrow 20+37=57$$
(검산)

$$80 \div 20=4 \rightarrow 20 \times 4=80$$
(검산)

여기서 곱셈과 나눗셈의 관계를 다시 한 번 복습해 보자.

$$10 \div 5 = 2 \longleftrightarrow 5 \times 2 = 10$$

이 계산식을 통해 우린 곱셈과 나눗셈의 관계를 아래처럼 정의 내릴 수 있어.

나누는 수에 몫을 곱했더니 원래 나눠진 수가 나오면, 검산이 완성되는 거야.
곱셈과 나눗셈은 절친한 형제 사이라는 사실을 잊지 마시라!

그럼 이번엔 나눗셈을 세로 형식으로 풀어보자.

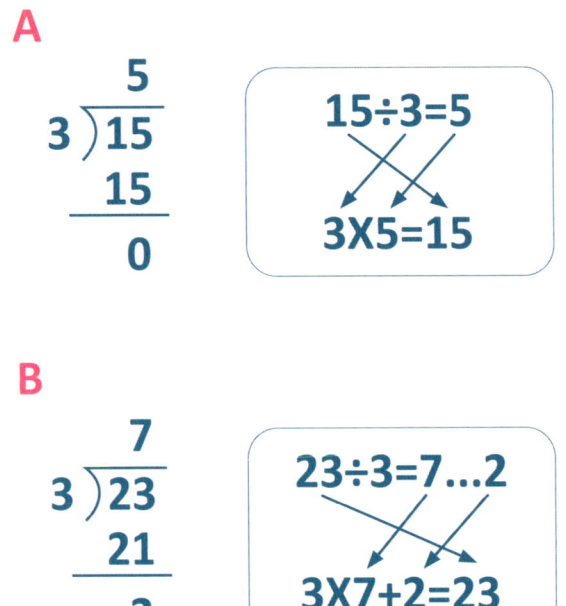

A와 B의 차이는 무엇일까? A는 나눠서 0으로 떨어지는 계산식이고 B는 그렇지 않다는 게 보이지? B는 23을 3으로 나누었을 때 몫은 7이 되고 나머지는 2가 되는 거야. 나머지가 0이 아닐 때 검산하는 요령도 별다른 건 없어. 나눈 수에 몫을 곱하고, 나머지를 더하면 검산이 완성되는 거란다.

검산은 (나누는 수) ×(몫) + (나머지) = (나눠지는 수) 로 정리할 수 있어.

이처럼 검산은 내가 구한 값의 확인은 물론, 계산 훈련을 도와주는, 꼭 필요한 과정이라고 할 수 있지.

 응용문제

1. 수리는 동네 편의점에서 한 통에 6개씩 들어 있는 껌을 42개 샀다. 그렇다면 수리가 산 껌은 모두 몇 통일까?

(나눗셈식과 곱셈식을 모두 써서 답을 구할 것)

2. 카레 박 아저씨의 신메뉴가 인기를 얻자 가게에 손님들이 몰려왔어. 남학생 18명, 여학생 23명이 한 번에 입장하려 하자 카레 박 아저씨는 가게 앞에 한 줄에 3명씩 줄을 세웠어. 손님들이 모두 줄을 서면 몇 줄이 될까?

(나눗셈식과 곱셈식을 모두 써서 답을 구할 것)

3. 다음 빈칸에 알맞은 답을 넣어보자.

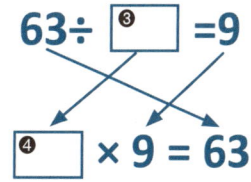

정답은 207p에

연습문제

"덧셈, 뺄셈과 마찬가지로 곱셈과 나눗셈도 역연산의 관계에 있어요. 계산 후에는 반드시 검산하는 습관을 가지는 게 좋답니다."

1. 88÷4=
(검산   )

2. 65÷5=
(검산   )

3. 63÷7=
(검산   )

4. 18÷2=
(검산   )

5. 54÷9=
(검산   )

6. 54÷6=
(검산   )

7. 81÷9=
(검산   )

8. 66÷6=
(검산   )

9. 48÷6=
(검산   )

10. 30÷5=
(검산   )

정답은 213p에

11. 50÷10=
(검산   )

12. 40÷10=
(검산   )

13. 100÷50=
(검산   )

14. 33÷3=
(검산   )

15. 88÷11=
(검산   )

16. 90÷5=
(검산   )

17. 100÷20=
(검산   )

18. 50÷25=
(검산   )

19. 180÷90=
(검산   )

20. 360÷60=
(검산   )

 베다수학의 비법 ⑪ 5로 나눌 때 2배로 나누고 2배로 곱한다

인도 수학의 나눗셈은 곱셈을 반복하는 방법을 통해서 값을 찾아가는 방식이 있어. 그리고 또 특별한 수로 나눌 때에 관련된 방식이 있지. 이제 환상적인 나눗셈의 비법을 전수해 줄게!

124÷5=?

친구 5명이 떡볶이와 순대를 사먹고 1만 2천4백 원을 똑같이 나누어 내기로 했어. 한 사람당 얼마씩 내면 될까?

베다수학에서는 나눗셈도 곱할 부분에 배수를 만들어 다시 곱셈을 하는 계산 방법을 사용해. 즉, ÷5에서 나누는 수에 2를 곱해서 먼저 나누고, 나온 답에 다시 2를 곱해서 원래의 수가 되게 하는 거라고. 함께 계산 방법을 살펴보자.

124 ÷ 5 = ?
124 ÷ 5 × [2]❶
124 ÷ [10] = 12.4 ❷
12.4 × [2] ❸ = 24.8

❶ 5×2를 하여 나누는 수를 10이 되게 한다.
❷ 124를 10으로 나눈다.
❸ 12.4에 5에 곱했던 2를 다시 곱한다.

그러면 나누는 수가 4인 경우도 한 번 살펴볼까? ÷4는 반의 반이니까 나눌 수를 반으로 나누고 다시 한번 더 반으로 나누는 거야.

108 ÷ 4 = ?
108 ÷ [2]❶ = 54
54 ÷ [2]❷ = 27

❶ 108을 2로 먼저 나눠준다.
❷ 나온 54를 2로 한 번 더 나눠준다.

연습문제

"÷5는 2를 곱해 계산하고, ÷4는 반으로 두 번 나눕니다."

정답은 213p에

1. 85÷5=

6. 410÷5=

2. 230÷5=

7. 280÷4=

3. 345÷5=

8. 152÷4=

4. 210÷5=

9. 296÷4=

5. 95÷5=

10. 1000÷4=

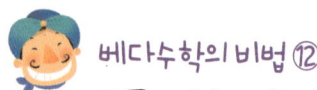

베다수학의 비법 ⑫
9로 나눌 때 맨앞은 그대로 다음 수를 더한다

1116÷9=?

÷9를 할 때는 나눠지는 수의 맨 왼쪽의 수를 그대로 두고 그 수와 다음에 나오는 수를 더해서 마지막에 나오는 수를 9로 나누어 몫을 구하는 거야. 이렇게 하면 자릿수가 아무리 커져도 동일한 방법으로 순식간에 풀 수 있지.

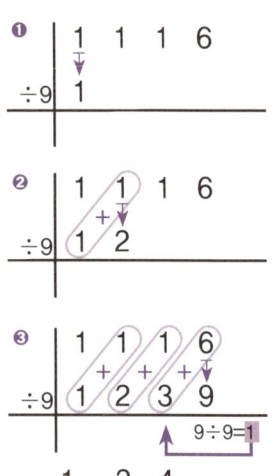

❶ 맨 앞자리를 아래로 내린다.

❷ 내린 1을 다음 자리의 수와 더한다.
1+1=2, 2+1=3, 3+6=9

❸ 마지막 자리의 수를 9로 나눠 몫과 나머지를 구한다. 9÷9=1이고, 1을 앞자리로 넘겨 더한다.
123+1 = 124

학교에선 이렇게 풀어요

학교에서는 나눌 수 있는 숫자에 최대 값을 단위별로 곱셈하여 숫자를 줄여가고, 다시 몫과 나머지를 구하지. 어림수를 써서 나누기 때문에 여러 번 숫자를 대입해야 해서 시간이 걸린다고.

```
          몫 124
      9 ) 1116
          900
          ---
          216
          180
          ---
           36
           36
          ---
       나머지 0
```

나머지가 남을 경우의 계산법

$$284323 \div 9 = ?$$

÷9를 계산할 때 더한 수가 10이 넘어가면 다음과 같이 작게 써두고 앞의 자리수에 올림해서 계산하면 돼. 마지막에 몫이 구해지고 나머지가 생겨도 그대로 더하는 거야.

❶
```
        2  8  4  3  2  3
÷9      2 10 14 17 19  22
                        ↑
                   22÷9=2.4
```

❷
```
        3  1  5  8  9
   +                  2.4
        3  1  5  9  1.4
```

❶ 맨 앞자리를 그대로 아래로 내리고 다음 숫자와 덧셈을 한다. 10이 넘어가면 앞자리로 올림한다.

❷ 마지막 자리에 남은 숫자를 9로 나눈다. 22÷9를 하면 2가 몫이 되고 나머지 4(이하 생략)가 남는다. 이 숫자를 올림하여 덧셈하면 답은 31591.4가 된다.

재미있는 수학이야기 ⑭

곱셈 기호(×)를 만든 사람은?

곱셈 기호는 영국의 수학자 오트레드가 십자가를 뉘여서 곱셈 기호로 처음 사용한 것이 시초. 기호 ×는 미지수를 나타내는 문자 x와 비슷해서 잘 사용하지 않다가 19세기 후반에 이르러 널리 사용하게 되었다.

연습문제

"맨 왼쪽의 숫자는 그대로 내려쓰고, 다음 자리 숫자와 더하는 거예요. 맨 마지막 숫자는 9로 나누어 몫을 바로 왼쪽 숫자와 더해 주세요."

1. 5 9 3 1
    ÷9 |_____

2. 6 7 7 7
    ÷9 |_____

3. 4 4 5 7 7
    ÷9 |_____

4. 4 9 7 2 5
    ÷9 |_____

5. 7 9 5 9 6
    ÷9 |_____

6. 4 3 7 6 4 3
    ÷9 |_____

7. 5 0 7 4 0 2
    ÷9 |_____

8. 4 7 9 3 7 6
    ÷9 |_____

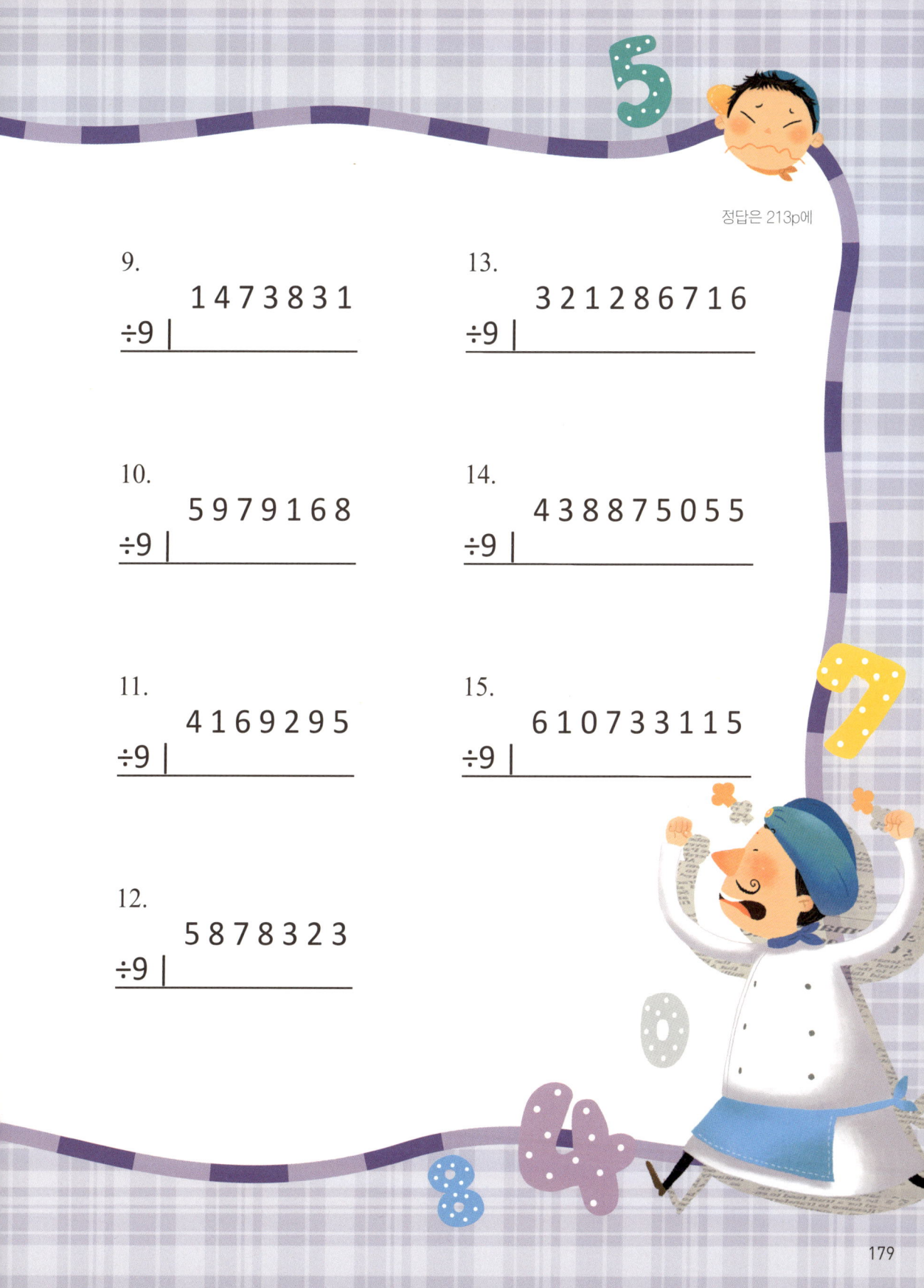

9. 1473831 ÷ 9 |

10. 5979168 ÷ 9 |

11. 4169295 ÷ 9 |

12. 5878323 ÷ 9 |

13. 321286716 ÷ 9 |

14. 438875055 ÷ 9 |

15. 610733115 ÷ 9 |

부록

인도의 손가락 9단 계산법

인도의 손가락 9단 두 자리 계산법

인도의 손가락 6, 7, 8, 9단 계산법

인도의 손가락 11, 12, 13, 14, 15단 계산법

인도의 손가락 16, 17, 18, 19, 20단 계산법

그림으로 배워보는 손가락 20단

인도의 손가락 9단 계산법

인도에서는 한 손만으로 20을 셀 수 있고 양손을 써서 구구단을 쉽게 풀기도 합니다. 0의 발명과 10진법의 발명이 가능했던 것도 이같이 손가락이 10개였기 때문이라고 생각됩니다. 9단을 아주 쉽게 외우는 방법은 인도에서부터 사용되어 다른 나라에도 전해지고 있습니다. 이제 손가락을 사용해서 20단까지의 구구단을 연습해 봅시다.

9×4=?

이 문제를 손가락 구구단으로 풀어봅시다.

❶ 양손을 폅니다.

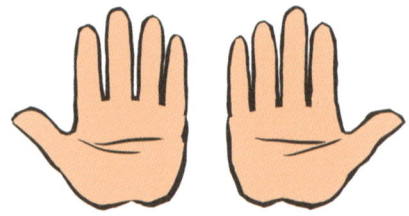

❷ 네 번째 손가락을 기준으로 왼쪽이 십의 자리 오른쪽이 일의 자리가 됩니다.

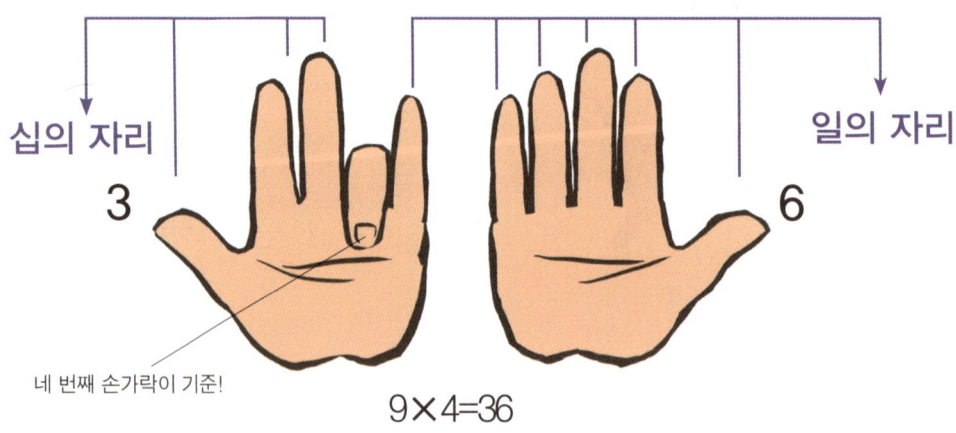

십의 자리 3

일의 자리 6

네 번째 손가락이 기준!

9×4=36

이제 다음 그림을 보면서 본격적으로 손가락 9단을 연습해 보세요.

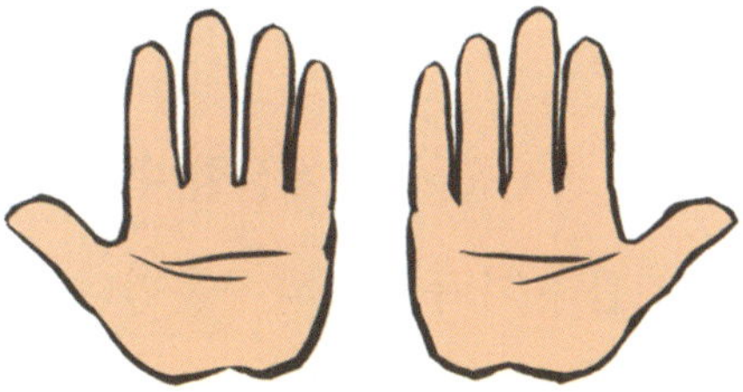

준비 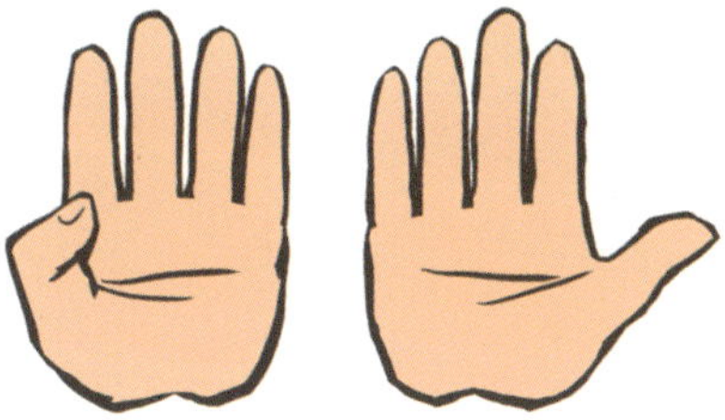   9×5

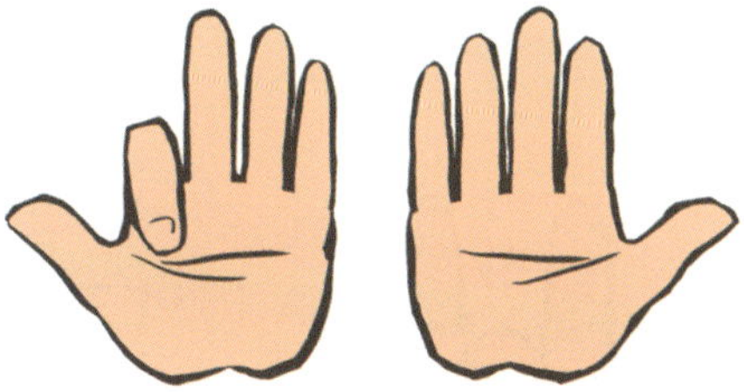

9×1   9×6

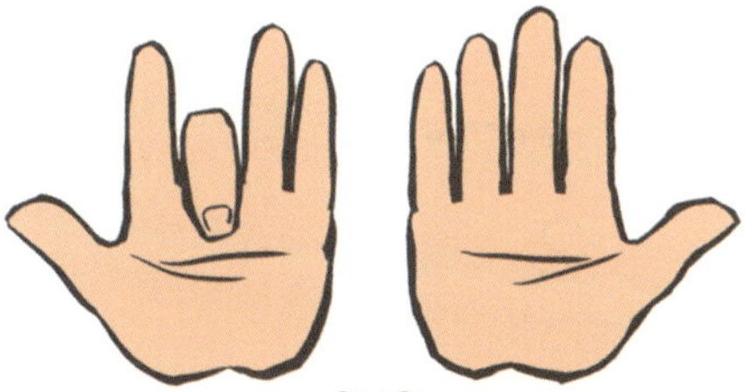

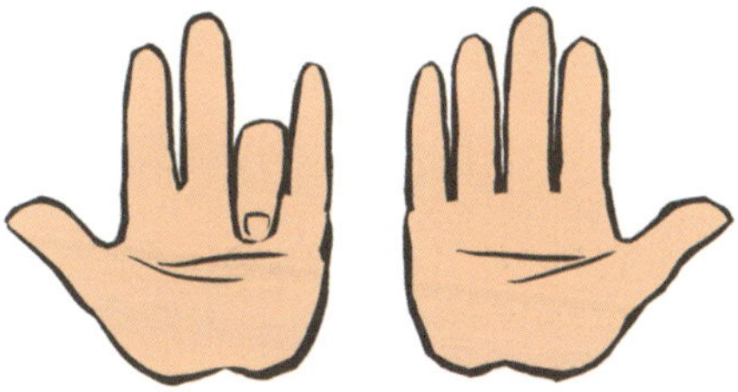

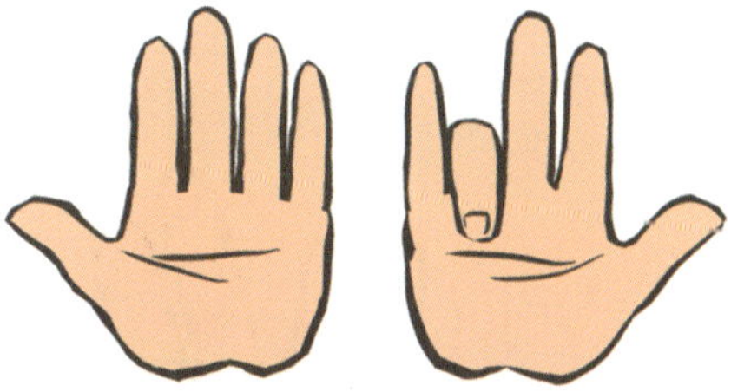

9×2   9×7

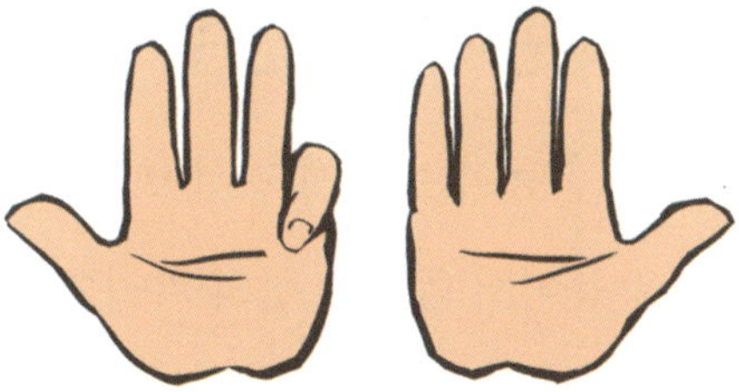

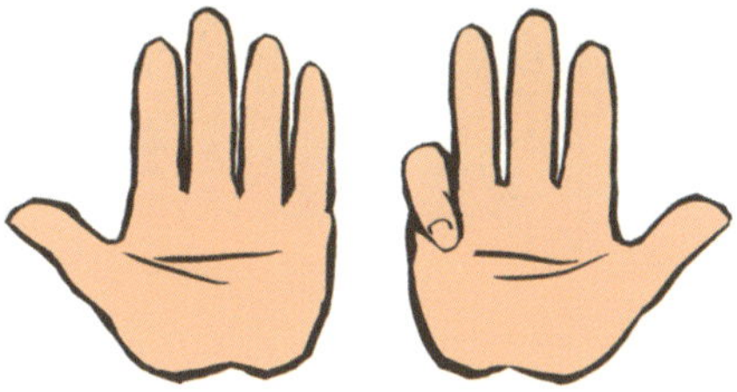

9×3   9×8

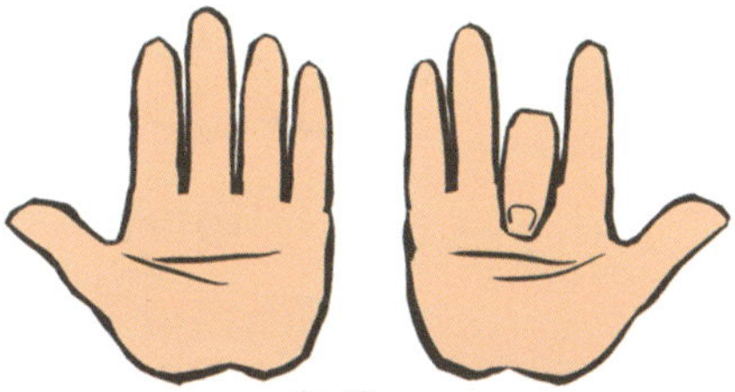

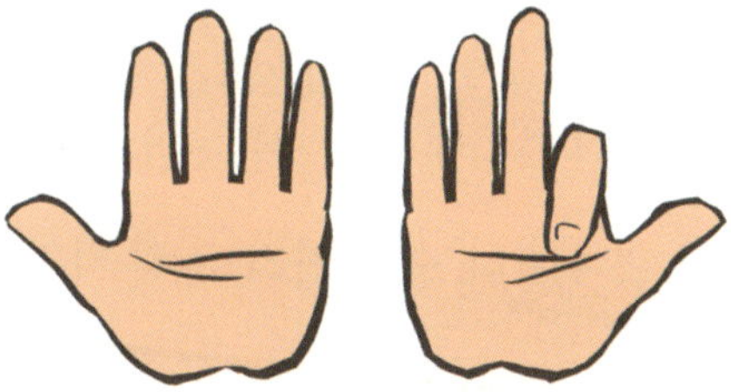

9×4   9×9

인도의 손가락 9단 두 자리 계산법

두 손을 손등이 보이게 펴서 9단의 두 자리 수 곱셈을 쉽게 계산할 수 있어요. 손가락을 붙여서 곱셈할 십의 자리와 일의 자리를 손가락을 굽혀 구분합니다. 백의 자리, 십의 자리, 일의 자리를 나눠서 숫자를 세면 됩니다.

9×28=?

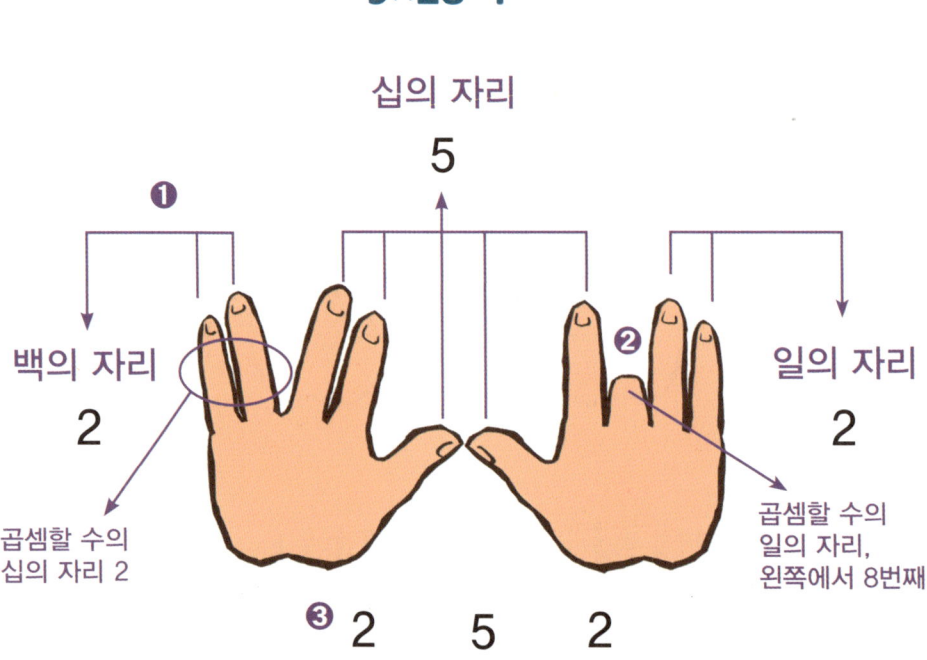

❶ 십의 자리에 해당하는 20의 왼쪽 두 손가락을 모아 V 형태로 벌려놓습니다.

❷ 일의 자리에 해당하는 8번째 손가락을 굽혀 표시합니다.

❸ 백의 자리, 십의 자리, 일의 자리를 순서대로 배치합니다. 9×28=252

손가락 9단 두 자리 계산법의 예외

손가락 9단의 두 자리 계산법은 완벽하지 않아요. 몇 가지 예외가 있지요. 다음을 살펴볼까요?

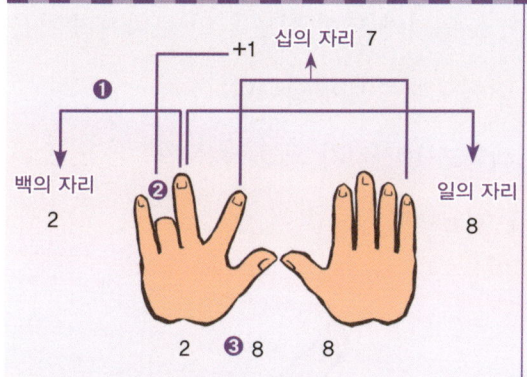

❶ 십의 자리에 해당하는 30의 왼쪽 세손가락을 모아 V 형태로 벌려놓습니다.
❷ 일의 자리에 해당하는 2번째 손가락을 굽혀 표시합니다.
❸ 십의 자리에 굽힌 손가락의 1을 더해줍니다. 288

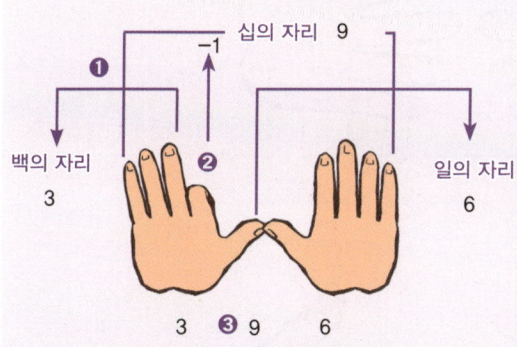

❶ 십의 자리에 해당하는 40의 왼쪽 네 손가락을 모아 V 형태로 벌려놓습니다.
❷ 일의 자리에 해당하는 4번째 손가락을 굽혀 표시합니다.
❸ 십의 자리는 굽힌 손가락을 뺀 9개를 모두 셉니다. 396

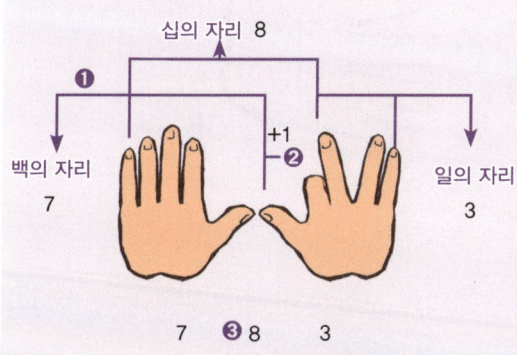

❶ 십의 자리에 해당하는 80의 왼쪽 두손가락을 모아 V 형태로 벌려놓습니다.
❷ 일의 자리에 해당하는 7번째 손가락을 굽혀 표시합니다.
❸ 백의 자리에 굽힌 손가락을 더합니다. 783

인도의 손가락 6, 7, 8, 9단 계산법

7×8=?

양손을 안쪽으로 모아 새끼손가락이 6, 엄지가 10이 되도록 안 보이는 숫자를 머릿속으로 그려 곱할 숫자의 손가락을 서로 마주보게 합니다.

겹쳐진 손가락을 포함한 손가락의 개수는 10자리가 되고 남은 왼손가락, 오른손가락을 곱셈하면 6, 7, 8, 9단을 풀 수 있습니다.

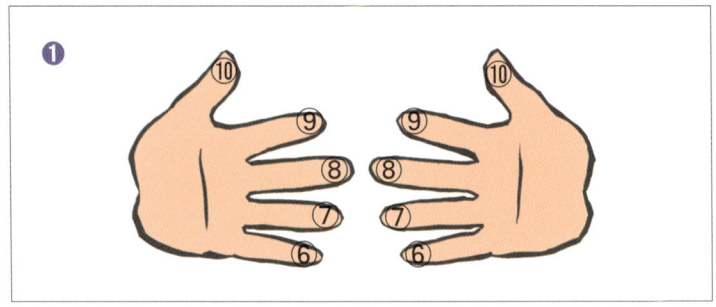

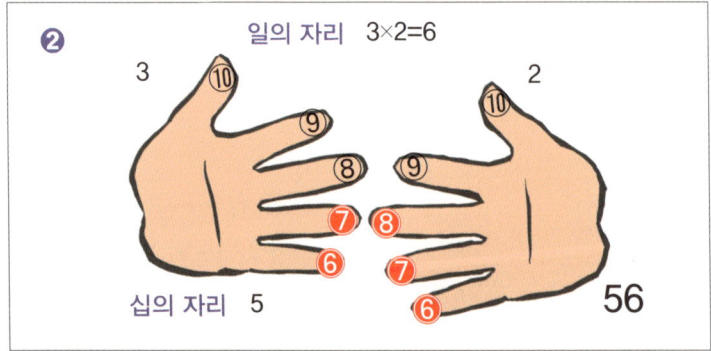

❶ 새끼손가락부터 6, 7, 8, 9, 10순으로 기억합니다.

❷ 7×8의 손가락을 붙여주고 붙인 손가락을 포함한 아래 부분은 십의 자리가 됩니다. 왼손의 남은 손가락과 오른손의 남은 손가락을 세어 서로 곱하면 일의

자리가 됩니다.

$$50+(3\times2)=56$$

 인도의 손가락 11, 12, 13, 14, 15단 계산법

$$12\times14=?$$

양손을 안쪽으로 모아 새끼손가락이 11, 엄지가 15가 되도록 안 보이는 숫자를 머릿속으로 그려 곱할 숫자의 손가락을 서로 마주보게 합니다.

겹쳐진 손가락을 포함한 아래 부분의 왼손가락, 오른손가락을 각각 덧셈하고 곱셈하여 더하면 일의 자리, 십의 자리가 됩니다. 백의 자리는 100을 넣으면 11, 12, 13, 14, 15단을 풀 수 있습니다.

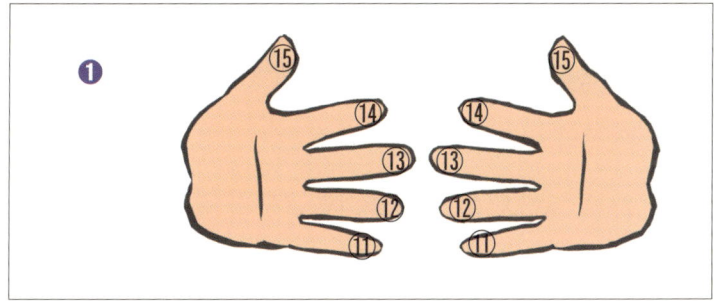

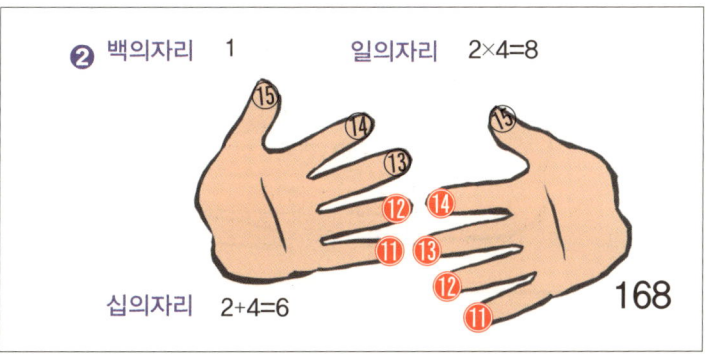

❶ 새끼손가락부터 11, 12, 13, 14, 15 순으로 기억합니다.

❷ 12×14의 손가락을 붙여주고 붙인 손가락을 포함한 아랫부분의 왼쪽 손가락의 수와 오른쪽 손가락의 수를 더하면 십의 자리가 됩니다. 그대로 아랫부분 왼쪽, 오른쪽 손가락을 서로 곱하면 일의 자리가 됩니다. 백의 자리는 무조건 1로 생각합니다.

$$100+(2+4)\times10+(2\times4)=168$$

인도의 손가락 16, 17, 18, 19, 20단 계산법

$$18\times19=?$$

양손을 안쪽으로 모아 새끼손가락이 16, 엄지가 20이 되도록 안 보이는 숫자를 머릿속으로 그려 곱할 숫자의 손가락을 서로 마주보게 합니다. 겹쳐진 손가락을 포함한 아랫부분의 왼쪽 손가락, 오른쪽 손가락을 각각 덧셈하고 20을 곱셈하여 더하면 십의 자리, 위쪽의 남은 왼손가락, 오른손가락을 곱하면 일의 자리가 됩니다. 백의 자리는 200을 넣으면 16, 17, 18, 19, 20단을 풀 수 있습니다.

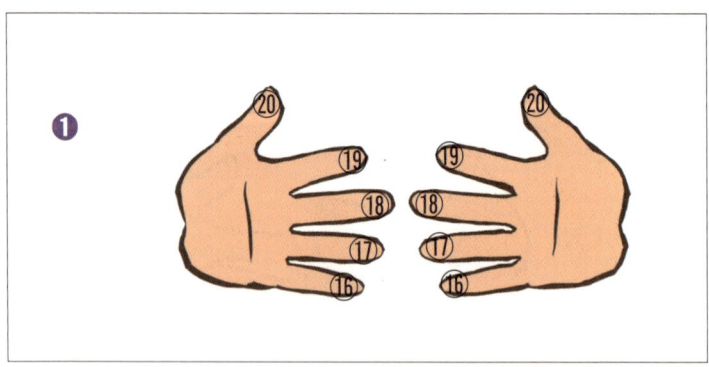

❶

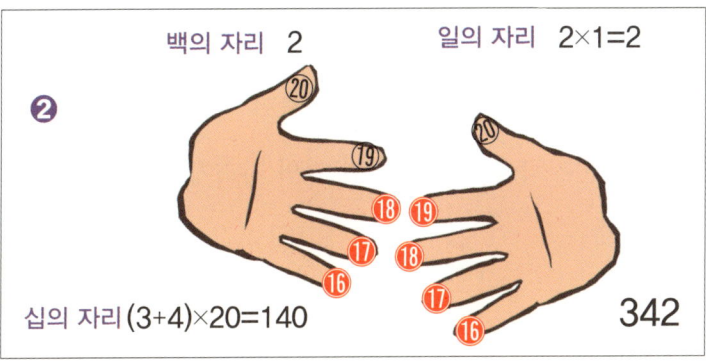

❶ 새끼손가락부터 11, 12, 13, 14, 15순으로 기억합니다.

❷ 18×19의 손가락을 붙여주고 붙인 손가락을 포함한 아래 부분의 왼쪽 손가락의 수와 오른쪽 손가락의 수를 더하고 20을 곱하면 십의 자리가 됩니다. 그대로 위쪽의 위쪽, 오른쪽 손가락을 서로 곱하면 일의 자리가 됩니다. 백의 자리는 무조건 2로 생각합니다.

$$200+(3+4)\times20+(2\times1)=342$$

 그림으로 배워보는 손가락 20단

$$16\times19=?$$

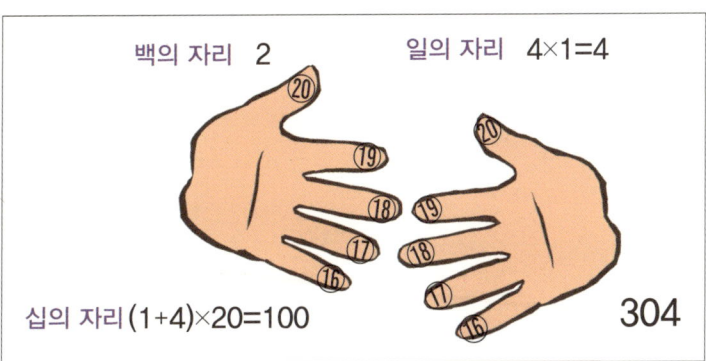

❶ 16×19의 손가락을 붙여주고 붙인 손가락을 포함한 아래 부분의 왼쪽 손가락의 수와 오른쪽 손가락의 수를 더하고 20을 곱하면 십의 자리가 됩니다. 그대로 위쪽의 왼쪽, 오른쪽 손가락을 서로 곱하면 일의 자리가 됩니다. 백의 자리는 무조건 2로 생각합니다.

200+(1+4)×20+(4×1)=304

정답

응용문제
연습문제

2장 누워서 덧셈 풀기

덧셈 쉽게 하기 ①

1. 윤지

수리는 5개월 동안 매달 100원씩 5번 저축을 했으므로 500원을 모았고,

윤지는 12개월 동안 매달 50원씩 12번 저축을 했으므로 600원을 모았다.

즉 윤지는 수리보다 100원을 더 모았다.

2. 11시간

수리는 저녁 11시부터 다음 날 아침 7시까지 8시간,

오후 1시부터 3시까지 2시간, 저녁 7시부터 8시까지 1시간을 잤다.

8+2+1=11(시간), 수리는 총 11시간을 잤다.

3. 2시간(120분)

윤지가 걷는 속도는 30분에 3km, 12는 3을 4번 더하면 완성되는 수로

'3+3+3+3=12'라는 식을 끌어낼 수 있다. 이 식에 대입, 30분을 4번 더하면

'30+30+30+30=120'분. 윤지가 걸어간 시간은 120분임을 알 수 있다.

덧셈 쉽게 하기 ②

1. 35마리

수리가 게임을 즐긴 시간 35는 5를 7번 더해 완성되는 수로
'5+5+5+5+5+5 +5=35'라는 식을 끌어낼 수 있다.
5분마다 몬스터가 5마리씩 등장하는 조건을 이 식에 대입하면
'5+5+5+5+5+5+5=35' 즉, 35분 동안 35마리의 몬스터가 등장했다는 걸
알 수 있다.

2. 6000원

10개월 동안 엄마는 매달 100원씩 이자를 더해주었다. 100원을 10개월,
즉 10번 더하면 1000원이 된다. 5000(용돈)+1000(이자)=6000.
10개월 후 수리의 용돈은 이자를 합쳐 총 6000원이 된다.

3. 72000원

카레밥 가격은 4000원. 1시간에 3그릇씩 팔았으므로 4000원을 3번 더해
12000이라는 수를 먼저 만든다. 총 판매시간은 6시간, 12000원을 6번 더하면
72000이라는 답을 얻을 수 있다.

응용문제정답

덧셈 쉽게하기 ③

1. 25+31=56, 31자루

수리가 가진 색연필은 25자루.

이후 선물 받은 색연필을 합친, 총 색연필 수 56자루를 식으로 풀면

'25+( )=56'이 된다. 이 문제는 빈칸을 채우는 응용문제로 25에 더해서

56이 되는 수 31을 찾아야 한다.

2. 27+25=52, 25개

윤지가 주운 음료수 캔은 27개, 윤지와 수리 두 사람이 주운 음료수 캔 합계는

52개로 이를 식으로 풀면 '27+( )=52'이 된다. 27에 더해서 52가 되는 수는

25. 즉, 수리가 주운 음료수 캔은 25개이다.

3. 30+22+70=122, 122개

할머니의 사과 30개에 이모의 복숭아 22개, 고모의 바나나 70개를 과일 종류와

상관없이 전부 더하면 된다. '30+22+70=122'이므로 윤지네가 선물로 받은 과

일은 총 122개이다.

덧셈 쉽게하기 ④

1. 86

붉은색 티셔츠에 적힌 수 36, 17, 33을 모두 더하면 된다.
'36+17+33=86' 정답은 86이다.

2. 76명

각 반에서 축구를 좋아하는 아이들 수를 찾아 더하면 쉽게 답을 얻을 수 있다.
축구를 좋아하는 아이가 1반에선 23명, 2반에선 32명, 3반에선 21명이 있으므로 '23+32+21=76' 정답은 76명이다.

3. 577마리

수리가 각 스테이지에서 물리친 몬스터 수를 전부 더하면 답을 얻을 수 있다.
'130+134+57+256=577' 정답은 577마리.

응용문제정답

3장 하품하면서 뺄셈 풀기

뺄셈 쉽게 하기 ①

1. 8정거장

150번 버스와 230번 버스의 정거장 차이를 구하는 문제로 150번 버스의 24정거장에서 230번의 16정거장 수를 빼면 답을 얻을 수 있다.
'24-16=8' 각 버스의 정거장 수 차이인 8정거장만큼 시간이 절약이 된다.

2. 2700원

용돈 5000원에서 떡볶이 값 1000원, 만두 값 1300원 비용을 제하면 답을 얻을 수 있다. 용돈 5000원에 떡볶이 비용 1000원을 제하면 4000원이 남는다. 남은 4000원에 만두 값 1300원을 제하고 남은 돈 2700원이 답.
식으로 풀면 5000-1000-1300=2700.

3. 14개

상자에 든 초콜릿 수를 아는 것이 중요. 3개씩 8줄이므로 3을 8번 더해 상자에 든 총 초콜릿 수인 24를 구한 후 차례대로 2, 3, 5를 빼면 된다.
'24-2-3-5=14' 상자에 남은 초콜릿은 14개이다.

뺄셈 쉽게 하기 ②

1. 4500원

수리는 500원짜리 과자 2개, 300원짜리 사탕 4개를 구매하느라 각각 1000원, 1200원을 썼다. 이 문제는 ( )-1000-1200=2300의 답을 구하는 문제로 2200을 빼서 2300이 되는 수인 4500이 정답.

2. 63

두 장을 골라 만들 수 있는 가장 큰 두 자리 수는 83. 여기에 20을 빼면 되므로 83-20=63.

3. 1400원

시간 당 800원인 PC방에서 2시간을 놀았으므로 수리가 지불한 비용은 1600원. '3000-1600=1400'이므로 수리에게 남은 돈은 1400원.

응용문제 정답

뺄셈 쉽게하기 ③

1. 900원

당면과 두부를 따로 샀을 때 '10000-5600(당면)-1300(두부)=3100'

3100원이 남고, 묶음 상품을 사면 '10000-6000=4000' 4000원이 남는다.

수리가 묶음 상품을 사면 그냥 샀을 때보다 '4000-3100=900'

900원이 더 이익이다.

2. 548

가장 큰 수는 853, 가장 작은 수는 305이므로 853-305=548

3. 24권

윤지의 독서량 : 1개월에 5권, 1년(12개월)이면 60권

수리의 독서량 : 1개월에 3권, 1년(12개월)이면 36권

60(윤지의 독서량)-36(수리의 독서량)=24

1년이 지난 후 윤지와 수리의 독서량의 차이는 24권이 된다.

뺄셈 쉽게 하기 ④

1. 김유신 장군, 25년

이순신 장군 1598(년)-1545(년)=53

김유신 장군 673(년)-595(년)=78

78-53=25, 김유신 장군이 이순신 장군보다 25년을 더 사셨다.

2. 윤지, 50점 차이

첫 번째 시합 : 수리 50+70+0=120, 윤지 30+100+50=180

두 번째 시합 : 수리 20+50+100=170, 윤지 100+10+50=160

수리는 두 시합을 합쳐 120+170=290, 윤지는 두 시합을 합쳐 180+160=340

340-290=50, 즉 윤지는 수리보다 50점을 더 얻었다.

3. ① 22 ② 44 ③ 175

① 220-170=50, 따라서 28과 합쳐

   50이 되는 수 22가 정답

② 11+33=44. 따라서 88에서 뺀 값이

   44가 되는 수 44가 정답

③ 130을 뺀 값이 45가 되어야 하므로

   130에 45를 더한 175가 정답

4장 밥먹듯 곱셈 풀기

곱셈 쉽게하기 ①

1. 48명

한 정류장 당 승객 6명씩, 8정류장을 거쳐 갔으므로 6×8=48.
48명의 승객이 탑승했다.

2. 24개

얼음틀로 10분 동안 한 번에 만들 수 있는 얼음은 4개.
이 얼음틀로 1시간(60분) 동안 만들 수 있는 얼음은 4×6=24, 24개이다.

3. 36cm

정사각형은 모든 변의 길이가 같으므로 한 변의 길이가 9cm라면 9×4=36,
네 변의 길이 합이 36cm인 것을 알 수 있다.

곱셈 쉽게하기 ②

1. 60cm

길이가 5cm인 변이 12개이므로 굵은 선의 길이는 5×12=60(cm)이다.

2. 3200

짬뽕 한 그릇에 홍합 4개, 짬뽕을 먹고 있는 손님이 8명이므로 4×8=32.
짬뽕에 든 홍합은 모두 32개이다. 여기에 100을 곱하면 32×100=3200이 된다.

3. 35장

한 변의 길이가 6cm인 정사각형 모양의 타일은 6×7=42이므로 가로에 7장씩 들어가고, 6×5=30이므로 세로에 5장씩 들어간다.
따라서 필요한 타일의 수는 모두 7×5=35(장)이다.

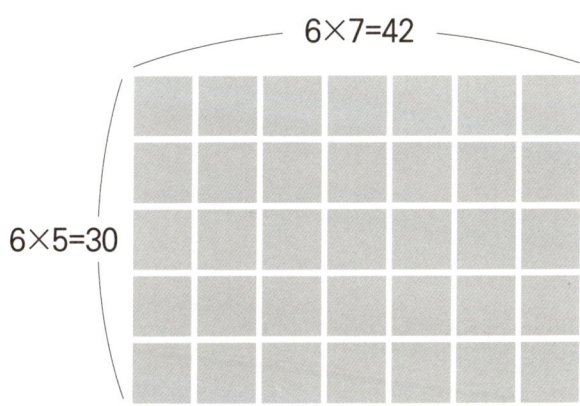

응용문제 정답

곱셈 쉽게 하기 ③

X	1	2	3	4	5	6	7	8	9	10
1	1	2	3	4	5	6	7	8	9	10
2	2	4	6	8	10	12	14	16	18	20
3	3	6	9	12	15	18	21	24	27	30
4	4	8	12	16	20	24	28	32	36	40
5	5	10	15	20	25	30	35	40	45	50
6	6	12	18	24	30	36	42	48	54	60
7	7	14	21	28	35	42	49	56	63	70
8	8	16	24	32	40	48	56	64	72	80
9	9	18	27	36	45	54	63	72	81	90
10	10	20	30	40	50	60	70	80	90	100

2. 960

1번 문제에서 빈칸에 들어가는 수는 모두 20, 15, 35, 54, 21, 64, 45이다.

여기에서 가장 큰 수는 64이고 작은 수는 15이다. 따라서 64×15=960.

3. 270개

후라이드 치킨 한 봉지(18조각)×7=126, 양념 치킨 한 봉지(16조각)×9=144

두 치킨의 팔린 조각 수를 합치면 126+144=270

곱셈 쉽게하기 ④

1. 105

합이 8이 되는 카드는 5와 3, 6과 2, 1과 7이다.

5와 3을 곱하면 15, 6과 2를 곱하면 12, 1과 7을 곱하면 7.

이중 곱이 가장 큰 수는 15, 가장 적은 수는 7이다. 따라서 15×7=105

2. 33

카드 중 곱해서 15가 나올 수 있는 카드는 3. 수리가 구한 곱이 15이므로 3×?=15. 즉 ?가 있는 카드의 수는 5가 된다. 4장의 카드를 뽑아 곱하면

6×3=18, 6×7=42, 6×5=30, 3×7=21, 7×5=35, 3×5=15

이런 식으로 곱을 구할 수 있다. 이중 15가 가장 적고 18이 두 번째로 적다.

따라서 15+18=33

3. 304명

의자 한 줄에 8개씩, 38줄이 있으므로 8에 38을 곱하면 전체 좌석 수를 구할 수 있다. 8×38=304.

5장 웃으면서 나눗셈 풀기

나눗셈 쉽게하기 ①

1. 11명

사탕 33개를 3개씩 나눠줬으므로 33을 3으로 나누면 총 몇 명이 받았는지 알 수 있다. '33÷3=11'이므로 답은 11명이 된다.

2. ① 8 ② 6 ③ 48

6×8=48 ⇒ 48÷6=8
          ⇒ 48÷8=6

3. ① 12 ② 84 ③ 12

12×7=84 ⇒ 84÷12=7
          ⇒ 84÷7=12

나눗셈 쉽게하기 ②

1. 3

99÷3=33 ⇒ 33×3=99

2. 6개

초코칩 쿠키 30개를 친구 숫자인 5로 나누면 바로 답을 구할 수 있다.
30÷5=6, 그러므로 정답은 6이다.

3. 9장

쌀 63kg을 7로 나누면 필요한 봉지 개수를 알 수 있다.
'63÷7=9'이므로 봉지는 모두 9장이 필요하다.

응용문제정답

나눗셈 쉽게하기 ③

1. 17개

(주스병을 담는 데 필요한 상자 수)=81÷9=9(개)

(사이다병을 담는 데 필요한 상자 수)=56÷7=8(개)

상자는 모두 9+8=17(개) 필요하다

2. 2분

일주일은 7일이니까 14분을 7로 나누면 답을 얻을 수 있다. '14÷7=2'이므로 하루에 2분씩 늦게 가는 셈이다.

3. 7리터

간장 84리터를 12개의 통으로 나누면 답을 얻을 수 있다. '84÷12=7'이므로 통 한 개당 7리터씩 들어갔다.

나눗셈 쉽게하기 ④

1. 7통

곱셈을 활용하여 나눗셈의 몫을 구할 수 있는 문제로

곱셈식 : 6×7=42,

나눗셈식 : 42÷6=7로 풀 수 있다.

여기서 몫은 7. 따라서 수리는 껌을 7통 산 것.

2. 14줄

(전체 손님 수)=18+23=41(명) 3명씩 똑같이 나누어 세우려면

나눗셈식 41(명)÷3(명)=13(줄)…2(명),

곱셈식 3(명)×13(줄)+2(명)=41(명)이 된다.

즉 3명씩 선 13줄과 2명이 선 1줄을 더하면 13+1=14줄이 된다.

3. ① 9 ② 63 ③ 7 ④ 7

연습문제 정답

2장_누워서 덧셈 풀기

덧셈 쉽게 하기 ①
1. 22
2. 17
3. 35
4. 30
5. 41
6. 41
7. 49
8. 52
9. 59
10. 61
11. 73
12. 68
13. 80
14. 82
15. 94
16. 104
17. 163
18. 183
19. 263
20. 1765

덧셈 쉽게 하기 ②
1. 35
2. 26
3. 45
4. 31
5. 55
6. 36
7. 65
8. 41
9. 75
10. 46
11. 27
12. 29
13. 30
14. 32
15. 100
16. 110
17. 120
18. 230
19. 331
20. 432

덧셈 쉽게 하기 ③
1. 27
2. 27
3. 35
4. 35
5. 57
6. 57
7. 286
8. 286
9. 55
10. 55
11. 57
12. 20
13. 63
14. 285
15. 452
16. 256
17. 72
18. 398
19. 759
20. 50

덧셈 쉽게 하기 ④
1. 12
2. 12
3. 12
4. 44
5. 44
6. 44
7. 57
8. 76
9. 90
10. 103
11. 98
12. 57
13. 20
14. 50
15. 120
16. 78
17. 180
18. 87
19. 100
20. 240

베다수학의 비법 ①
1. 151
2. 164
3. 158
4. 60

5. 124
6. 73
7. 123
8. 152
9. 161
10. 135
11. 136
12. 119
13. 80
14. 92
15. 130
16. 143
17. 121
18. 93
19. 200
20. 290

베다수학의 비법 ②
1. 11882
2. 9723
3. 8796
4. 8585
5. 7258
6. 5675
7. 11658
8. 14355
9. 8329
10. 11982
11. 16088
12. 8327
13. 7337
14. 10100

15. 11081
16. 12433
17. 9312
18. 12549

3장_하품 하면서 뺄셈 풀기

뺄셈 쉽게 하기 ①
1. 40
2. 100
3. 50
4. 35
5. 33
6. 28
7. 29
8. 78
9. 27
10. 11
11. 18
12. 10
13. 90
14. 410

뺄셈 쉽게 하기 ②
1. 47
2. 79
3. 13
4. 32
5. 51
6. 149

7. 124
8. 122
9. 61
10. 25
11. 57
12. 62
13. 115
14. 87
15. 175
16. 296

뺄셈 쉽게 하기 ③
1. 63
2. 64
3. 38
4. 53
5. 53
6. 62
7. 112
8. 131
9. 148
10. 80
11. 255
12. 250
13. 350
14. 450
15. 550
16. 625
17. 35000
18. 45000
19. 145000
20. 125000

연습문제 정답

뺄셈 쉽게 하기 ④
1. 97 (97+40=137)
2. 136 (136+58=194)
3. 285 (285+45=330)
4. 37 (37+15=52)
5. 35 (35+33=68)
6. 57 (57+85=142)
7. 882 (882+58=940)
8. 740 (740+90=830)
9. 142 (142+24=166)
10. 102 (102+88=190)
11. 36 (36+52=88)
12. 410 (410+24=434)
13. 112 (112+221=333)
14. 247 (247+27=274)
15. 287 (287+555=842)
16. 480 (480+160=640)
17. 60 (60+275=335)
18. 190 (190+30=220)
19. 203 (203+97=300)
20. 18 (18+319=337)

베다수학의 비법 ③
1. 79-31=48
   79+1=80
   31+1=32
   80-32=48
2. 58-39=19
   58+2=60
   39+2=41
   60-41=19
3. 59-45=14
   59+1=60
   45+1=46
   60-46=14
4. 86-59=27
   59+1=60
   86+1=87
   87-60=27
5. 63-49=14
   49+1=50
   63+1=64
   64-50=14
6. 152-59=93
   59+1=60
   152+1=153
   153-60=93
7. 94
8. 135
9. 169
10. 22
11. 38
12. 49
13. 98
14. 182
15. 114
16. 321
17. 421
18. 412
19. 52
20. 81

베다수학의 비법 ④
1. 27
2. 31
3. 527
4. 232
5. 403
6. 154
7. 9163
8. 9525
9. 22
10. 343
11. 953
12. 223
13. 3444
14. 555
15. 943
16. 47

4장_밥 먹듯 곱셈 풀기

곱셈 쉽게 하기 ①
1. 28
2. 29
3. 48
4. 49
5. 36
6. 21
7. 43
8. 61
9. 42
10. 67

곱셈 쉽게 하기 ④

1. 170
2. 240
3. 480
4. 270
5. 250
6. 350
7. 1120
8. 2350
9. 1520
10. 1350
11. 370
12. 2700
13. 3240
14. 4440
15. 2400
16. 3400
17. 3600
18. 23500
19. 15900
20. 13200

베다수학의 비법 ⑤

1. 1683
2. 1287
3. 2574
4. 3663
5. 3168
6. 2574
7. 6237
8. 9702
9. 8910
10. 4356
11. 5841
12. 5445
13. 17982
14. 23976
15. 87912
16. 98901

베다수학의 비법 ⑥

1. 9 × 7 (+1, +3) = 63
2. 8 × 6 (+2, +4) = 48
3. 7 × 8 (+3, +2) = 56
4. 7 × 7 (+3, +3) = 49
5. 8 × 8 (+2, +2) = 64

베다수학의 비법 ⑦

1. 98 × 95 (−2, −5) = 9310
2. 99 × 91 (−1, −9) = 9009
3. 93 × 97 (−7, −3) = 9021
4. 98 × 97 (−2, −3) = 9506
5. 94 × 95 (−6, −5) = 8930
6. 96 × 92 (−4, −8) = 8832
7. 105 × 95 (+5, −5) = 9975
8. 103 × 98 (+3, −2) = 10094
9. 107 × 97 (+7, −3) = 10379
10. 103 × 98 (+3, −2) = 10094
11. 106 × 94 (+6, −6) = 9964
12. 98 × 102 (−2, +2) = 9996
13. 101 × 97 (+1, −3) = 9797
14. 104 × 95 (+4, −5) = 9880
15. 97 × 95 (−3, −5) = 9215
16. 93 × 105 (−7, +5) = 9765
17. 99 × 103 (−1, +3) = 10197
18. 101 × 99 (+1, −1) = 9999
19. 99 × 102 (−1, +2) = 10098
20. 96 × 96 (−4, −4) = 9216
21. 96 × 106 (−4, +6) = 10176
22. 94 × 107 (−6, +7) = 10058
23. 93 × 101 (−7, +1) = 9393
24. 91 × 91 (−9, −9) = 8281
25. 93 × 96 (−7, −4) = 8928
26. 94 × 96 (−6, −4) = 9024
27. 98 × 108 (−2, +8) = 10584
28. 99 × 94 (−1, −6) = 9306

연습문제 정답

29. 99 -1
    × 101 +1
    ────────
    9999

30. 98 -2
    × 98 -2
    ────────
    9604

31. 94 -6
    × 99 -1
    ────────
    9306

32. 97 -3
    × 97 -3
    ────────
    9409

6. 82344
7. 51192
8. 381524
9. 203130
10. 337810
11. 213380
12. 24341

6. 8
7. 6
8. 5
9. 2
10. 5
11. 8
12. 8
13. 3
14. 6
15. 3
16. 4
17. 9
18. 9
19. 9
20. 7

베다수학의 비법 ⑧
1. 792
2. 544
3. 1323
4. 704
5. 2736
6. 2542
7. 4899
8. 2728
9. 2409
10. 3526
11. 4851
12. 1452
13. 1656
14. 988
15. 6633
16. 5451

베다수학의 비법 ⑩
1. 25420
2. 10603
3. 36096
4. 26158
5. 17226
6. 69530
7. 37148
8. 38893
9. 21156
10. 33660
11. 64416
12. 46500

나눗셈 쉽게 하기 ③
1. 20
2. 40
3. 70
4. 40
5. 200
6. 100
7. 30
8. 4
9. 70
10. 50
11. 900
12. 900
13. 400
14. 60
15. 60

베다수학의 비밀 ⑨
1. 296088
2. 122092
3. 199836
4. 179896
5. 169418

5장_웃으면서 나눗셈 풀기

나눗셈 쉽게 하기 ②
1. 3
2. 5
3. 7
4. 8
5. 9

16. 60
17. 80
18. 700
19. 900
20. 3000

나눗셈 쉽게 하기 ④
1. 22 (22×4=88)
2. 13 (13×5=65)
3. 9 (9×7=63)
4. 9 (9×2=18)
5. 6 (6×9=54)
6. 9 (9×6=54)
7. 9 (9×9=81)
8. 11 (11×6=66)
9. 8 (8×6=48)
10. 6 (6×5=30)
11. 5 (5×10=50)
12. 4 (4×10=40)
13. 2 (2×50=100)
14. 11 (11×3=33)
15. 8 (8×11=88)
16. 18 (18×5=90)
17. 5 (5×20=100)
18. 2 (2×25=50)
19. 2 (2×90=180)
20. 6 (6×60=360)

베다수학의 비법 ⑪
1. 17
2. 46
3. 69
4. 42
5. 19
6. 82
7. 70
8. 38
9. 74
10. 250

베다수학의 비법 ⑫
1. 659
2. 753
3. 1953
4. 5525
5. 8844
6. 48627
7. 56378
8. 53264
9. 163759
10. 664352
11. 463255
12. 653147
13. 35698524
14. 48763895
15. 67859235

손호성

국내 최초로 매직아이를 개발했으며 2006년에는 국내에 처음으로 스도쿠를 소개했다.
퍼즐 개발과 수학 교육에 흥미를 느껴 어린이를 위한 아시아 문화권의 수학을 연구했다.
인도 베다수학에 빠져 각종 자료를 모아 사이트와 카페를 개설, 운영하다 〈인도 베다수학〉을 집필했다.
2008년도에 발간된 〈인도 베다수학〉은 인도식 수학 배우기 열풍을 일으키며 베스트셀러로 등극했으며
지금 현재도 꾸준히 팔리고 있는 스테디셀러이다.

엄진섭

〈포토뮤직〉, 〈스타채널〉 등의 연예부 기자를 거쳐 〈코믹엔진〉, 〈코믹스투데이〉 등에서 만화 편집기자로 일했다.
이후 삼성, 현대 사보 등을 만드는 편집자 일을 하다 퇴사 후 학습만화 기획 및 스토리 작가로 일하며
약 40여 종의 책을 출간했다. 대표작으로 〈수리수리 구구단〉, 〈수리수리 19단〉, 〈곤충대전 벅스벅스〉,
〈홍길동과 함께 푸는 마법수학퍼즐〉, 〈마법 계산왕〉, 〈미래과학 로봇 탐험반〉, 〈맛있는 과학튀김〉 등이 있다.

개정판 1쇄 인쇄 2018년 1월 10일
개정판 4쇄 발행 2023년 11월 10일

저　　자 | 손호성, 엄진섭 공저
감　　수 | 신광만(인천 효성남초등학교 교사)
출　　력 | 신화프린팅
인　　쇄 | 신화프린팅
발 행 인 | 손호성
펴 낸 곳 | 봄봄스쿨

등　　록 | 제 312-2013-000016호
주　　소 | 서울 서대문구 서대문구 봉원사길 6, 화인빌딩 5층
전　　화 | 070.7535.2958
팩　　스 | 0505.220.2958
e-mail | atmark@argo9.com
Home page | www.bombomschool.com

ISBN 979-11-5895-114-6　73410

※ 값은 책표지에 표시되어 있습니다.
※ 〈봄봄스쿨〉은 국내 친환경 인증 콩기름 잉크를 사용하여 인쇄합니다.